中华日常礼仪基础教程

第二册

传统伦常

张德付　编著

中华书局

图书在版编目（CIP）数据

中华日常礼仪基础教程.第二册,传统伦常/张德付编著. —北京:中华书局,2019.2
ISBN 978-7-101-13498-8

Ⅰ.中⋯ Ⅱ.张⋯ Ⅲ.礼仪-中国-中小学-教材 Ⅳ.G635.5

中国版本图书馆 CIP 数据核字（2018）第 236908 号

书 名	中华日常礼仪基础教程 第二册 传统伦常	
编 著 者	张德付	
责任编辑	祝安顺 任洁华	
出版发行	中华书局	
	（北京市丰台区太平桥西里 38 号 100073）	
	http://www.zhbc.com.cn	
	E-mail:zhbc@ zhbc.com.cn	
印 刷	北京瑞古冠中印刷厂	
版 次	2019 年 2 月北京第 1 版	
	2019 年 2 月北京第 1 次印刷	
规 格	开本/787×1092 毫米 1/16	
	印张 5¾ 字数 60 千字	
印 数	1—10000 册	
国际书号	ISBN 978-7-101-13498-8	
定 价	20.00 元	

《结合之礼》

《东汉薛包》

策名委质

《上下义合》

《师生义合》

出版说明

　　本书旨在讲明传统社会的人伦日用之道，分为伦常概说、亲属、男女、夫妇、父子、兄弟、上下、师生、朋友九个专题。伦常概说、夫妇、父子三个专题内容繁重，为保持各课之间的平衡，又加以细分。

　　本书各课内容皆由正文、思考讨论、链接三部分组成。正文细分小节，撮举大要，提纲挈领。思考讨论用以检验所学、拓展思维。链接则尽量选取先贤所撰相关箴言、诗词。

　　本书附有配套的测评试题，试题链接二维码在封底，读者可以扫码上线自测，据以检测自身礼仪知识水平。

重建礼乐文化生活（自序）

　　自古以来，礼（乐可以统摄于礼）既是中华文化的"心"（民族精神所系），又是中华文化的"身"（攸关社会制度），可以说是中华文化的全副精神与面目所在。两千多年来，作为传统中国人基本的生活样式，礼陶铸着万民的品格，培蓄着民族的元气。

　　上世纪六七十年代，流寓香港的唐君毅先生基于自身辗转就医的经历，会悟到中华民族传统的生活方式正在消逝，遂提出重建礼乐文化生活的主张。何谓礼乐文化生活呢？唐先生说："礼乐文化生活是指人的自然生命与日常生活本身成为文化的，而文化亦是日常生活中的，亦是属于自然生命的。"（唐君毅《东方人之礼乐的文化生活对世界人类之意义》，收入氏著《中华人文与当今世界》，台湾学生书局，1975年，第606页）也就是说，礼乐文化生活，是要将人的自然生命，通过礼乐的涵养、浸润，转化为文化的生命；将日常生活，通过礼乐的塑造、融摄，升华为文化的生活。这是何等敏锐的洞见。值得庆幸的是，世运几经浮沉，而今国势日隆，重建礼乐文化生活也到了最迫切的时刻，每个人心里都涌动着对文化生活的渴求，流淌在血液里沉睡已久的文化因子终于开始觉醒。

　　我们该如何重建礼乐文化生活呢？晚年的朱熹于礼学有一番大的省思。

礼乐废坏二千余年，若以大数观之，亦未为远，然已都无稽考处。后来须有一个大大底人出来，尽数拆洗一番，但未知远近在几时。今世变日下，恐必有个"硕果不食"之理。

虽然生于文化肇极的赵宋之世，朱熹基于儒家的理想，并不认为那是礼乐和洽的时代，他认为孔子以来的礼崩乐坏问题，还没有得到解决。朱熹预言后来者必有一番彻底整理，并指明了其方法——拆洗。礼乐有情、有文，识其文者能述，知其情者能作。拆洗就是要据文探情，推本古人制作礼乐的原理，然后秉此原理，斟酌损益，以期契于世用。因此，重建不是复古，而是创造性的再现。具体地说，对于那些适合现代生活的礼仪，我们理应加以发扬。对于那些不太适合现代生活的礼仪，我们则要谨慎地调整，使之适合现代生活，然后再加以发扬。

生活于这个时代，远离战火，乐享太平，而且正迎来中华民族的伟大复兴，我们是何等的幸运！早在九十年前，梁漱溟先生就曾预言："我觉得中国之复兴，必有待于礼乐之复兴。"（《朝话·谈音乐》，收入《梁漱溟全集》第二卷，山东人民出版社，2005年，第122页）

更幸运的是，身处历史的转折点，我们终有机会成为文化的先觉者与先行者，去开启一个文明开化的新时代。《诗》云："周虽旧邦，其命维新。"此之谓也。

目录

第一课　伦常概说（上）

曹氏难题

东汉末年，曹操的儿子曹丕在一次宴会上，抛出一个命题让宾客们讨论。这个命题相当刁钻："君主和父亲都生了重病，只有一丸药，只可以救一个人，应该救君主还是父亲？"（《邴原别传》，《三国志》卷十一裴松之注引）时下，我们也常听人问起类似的问题，母亲与妻子同时落水，若只能救一人，应当救谁？那些宾客议论纷纭，有的说救父，有的说救君。大儒邴（bǐng）原当时也在座，曹丕就询问他的看法。邴原回答道："父也！"为什么在那样的情形下，应该救父亲呢？这就关系到伦常问题。

曹氏难题

伦常要义

平情而观，我们不难发现：尽管世事变幻犹如白云苍狗，但人伦关系总是恒常存在，永不泯灭。于是，先儒把它视为常道，称之为"五常"；又把其中至关重要的部分提掇（duō）出来，称之为"三纲"。张之洞认为："五伦之要，百行之原，相传数千年更无异义，圣人所以为圣人，中国所以为中国，实在于此。"（《劝学篇·明纲第三》）"此"即指伦常。张氏的说法确实把握住了伦常的要义。

五 伦

人伦，简言之，就是人与人之间的关系。古代圣贤把复杂的人际关系概括为五种，就是"五伦"。什么是"五伦"呢？《三字经》说：

五伦者，始夫妇，父子先，君臣后，次兄弟，及朋友。

"五伦"的实质是五对人际关系：夫妇、父子、君臣、兄弟、朋友。其中，父子可以包括母子关系在内，兄弟则可以包括姊妹，朋友涵摄的对象最为广泛。我们细想一下，不难发现，"五伦"可以把社会中人与人之间的基本关系包举无遗。

先贤根据不同的标准，把"五伦"分为不同的类别。父子、兄弟两伦，属于家族内部的人际关系，称为"门内"。君臣、朋友两伦，属于家族外部的人际关系，称为"门外"。夫妇一伦有些特殊。郭店楚简《六德》把"夫"归于"内位"（与父、子同），把"妇"归于"外位"（与君、臣同）。这样的话，夫妇就有兼跨内外的意味了。之所以要做出这样的区分，是因为先贤认为处理两类人伦关系的基本原则有所不同。如果两类

人伦关系之间发生冲突，我们明了这些原则才有可能做出正确的权衡与抉择。处理"门内"关系，以维护亲情为宗旨，有时不惜在"公义"方面做出妥协。处理"门外"关系，则基本上是以"公义"为标准，不必太过顾忌私情。简言之，即"门内之治，恩掩义；门外之治，义断恩"（《礼记·丧服四制》）。

孔子看重"父为子隐，子为父隐"（《论语·子路》）。父亲与他人对簿公堂，事关公义。孔子认为若儿子出庭作证，证明父亲有罪，虽然维护了公义，却伤害了父子之情。这将不利于家庭关系的维持，对公序良俗也会产生很大的负面影响。所以古代法律规定大功以上（堂兄弟以上）的亲属之间可以相互容隐。近年，我国刑法在这方面也做出了修正，法院不可以强制被告人的配偶、父母、子女出庭作证。这些正是"门内之治，恩掩义"原则在法律中的运用。

春秋时代，祭仲是郑国权臣，专擅朝政。郑厉公对他大为不满，就与雍纠谋划，准备刺杀祭仲。雍纠是祭仲的女婿，他没有做好保密工作，君臣二人的密谋被雍姬（雍纠之妻）无意中探知。雍姬陷于矛盾之中，就跑去跟母亲商量。她的母亲说出下面一番话来："人尽夫也，父一而已，胡可比也？"（《左传》桓公十五年）于是，雍姬向祭仲告发了雍纠。最终，祭仲杀死雍纠，郑厉公也不得不踏上逃亡之路。

另外，先贤认为父子、兄弟，血脉相连，所以称之为"天属"。夫妇、君臣、朋友，基于一定的道义才结合在一起，所以称之为"义合"（也有学者把它与"天属"对应，称为"人属"）。"天属"强调的是彼此之间关系的形成是天然的，不需要经过任何礼仪程序，而且这种关系不容割舍。"义合"则是表明彼此之间关系的缔结要经过一定的礼仪程序，而且有朝一日若不复相合，也可以根据道义分离。比如，夫妻关系的缔结，要经过婚礼；彼此不睦，最终无法调合时，则可以离异。

十 义

每伦有两种相对的人伦名号，每一名号可以看作一种"定位"。之所以称之为"定位"，是因为除了朋友之外，其他人伦名号相对的双方都不可以进行角色的互换。五伦，就有十种名号、十种定位（夫、妇、父、子、兄、弟、君、臣、朋友、己身）。礼规定，居于某位，就要担当相应的责任。此责任，礼称之为"义"或"分"（名分）。

孟子曾对五伦之义进行过基本的界定。

父子有亲，君臣有义，夫妇有别，长幼有序，朋友有信。（《孟子·滕文公上》）

孟子所谓"长幼"，相当于兄弟。父子之间要以维护亲情为行事的基本原则，君臣之间彼此要遵循道义行事，夫妇之间要讲求男女之别，兄弟之间要讲求长幼的次序，朋友之间要恪守信用。这是"五伦"的基本名分。

五伦十位，每位各有相应的"义"。于是，就有所谓"十义"。何谓"十义"呢？《三字经》说：

父子恩，夫妇从。兄则友，弟则恭。长幼序，友与朋。君则敬，臣则忠。此十义，人所同。

这是传统社会对"十位"之间相互应尽责任的简要概括。父子之间：父母要慈爱、宽惠有礼，子女要孝顺、敬爱父母。夫妇之间：丈夫的行为要合乎正道，妻子要辅助丈夫。兄弟之间：兄长要友爱幼弟，幼弟要尊敬兄长。朋友之间要讲求长幼秩序。君臣之间：君主要礼敬

大臣、体恤群臣，臣子则要忠于君主、恪尽职守。

　　随着时代的变迁，五伦关系有所调整，相互间的责任也有所变化。五伦中，君臣之伦现在已经转变为上下级关系。其道德责任基本上还是适用的：下级一般情况下要服从上级的安排，忠于职守，尽心竭力做好本职工作；上级对下级除了给予关爱之外，还应该培养下级成才。今天，夫妻之间尤其应该做到夫妇互敬互爱，勉行正道。其他三伦关系，则没有太大的调整。在此，我们只是提纲挈领地介绍，后文论述具体人伦关系时，将进行详细剖析。

　　任何一个人，无不身处五伦关系之中，先贤认为，只有遵循"十义"，他的行为才是合礼的、正当的；如果违背"十义"，他的行为就是不合礼的、不正当的，也就会产生各种问题。荀子特别强调，"义"一定是相互的，"偏立而乱，俱立而治"（《荀子·君道篇》）。如果只是片面责求单方面的责任（"偏立"），例如只要求臣忠而不责求君敬，那么社会稳定的局面就将会被打破，出现动荡。只有双方各尽其职（"俱立"），才能保证五伦关系的和谐，社会也才能稳定。而要做到各尽其职，必须依礼行事。

思考讨论

谈谈你对"五伦"间相互责任的认识。

链接

补史十忠诗·丞相都督信国公文公（天祥）

宋·刘埙

时平辄弃置，事迫甘前驱。呜呼忠义臣，匪直科目儒。江寒朔吹急，列城同一趋。岂不寄便安，纲常乃当扶。移檄倡诸镇，奋袂（mèi）躬援枹（fú）。川决莫我回，万险栖海隅（yú）。天乎复不济，道穷竟成俘。一死事乃了，吾头任模糊。悠悠讥好名，责人无已夫。三衢（qú）有魁相，投老作尚书。（三衢魁相，谓留梦炎）

（元·赵景良编《忠义集》卷一）

第二课　伦常概说（下）

传统社会，伦常是礼教的核心，礼教的真正意义及其实行的机制究竟是什么？

循实制名

我们讲解"五伦"时，有一问题隐而未发："五伦"为什么按照那样的顺序排列呢？何以夫妇居人伦之首？而父子、君臣反居其后？

这种排列顺序本自《易传》，其中大有深意。《周易·序卦》说：

> 有天地然后有万物，有万物然后有男女，有男女然后有夫妇，有夫妇然后有父子，有父子然后有君臣，有君臣然后有上下，有上下然后礼义有所错（通"措"）。

宇宙从一片混沌的状态，分辟为天地，化生出万物、人类。人类曾经历过很长一段母系氏族时代，那时人们只知其母，不知其父。近代礼学家曹元弼说："必人类有定耦（通"偶"），而后人人知父之为父，子之为子。"（曹元弼《原道》，《复礼堂文集》卷一）男女结合，是"实"。予以夫妇之称谓，是"名"。人有"定偶"的过程，就是"循实制名"的过程。

从儒家的角度来看，礼教即自然：礼教出于人的自然秉性，而且合乎人的自然秉性。遵循礼教，即遵循人的自然秉性。而"循实制名"

（"实"即人之自然秉性，"名"即礼教）是礼教得以确立的基础，是人文演化的一次飞跃，它使人类从蒙昧走向光明。

正名定分

"循实制名"，是礼教发轫、创辟的过程。"名"一旦定下来，就意味着拥有一定的"分"。"分"包括两方面的内容：享有相应的职权，也要履行一定职分（责任）。比如，父亲理应受到子女的尊敬，此是职权；父亲又必须抚育子女，则是职分。五对人伦关系有十种角色，我们不妨称之为"十位"，"十位"有内外、上下之分。"内位"父、子、夫，"外位"君、臣、妇（郭店楚简《六德》）。"上位"夫、父、君、兄，"下位"妇、子、臣、弟。每一"位"都有相应的"分"要恪守，即我们前面所说的"十义"。

礼教确立之后，要通过正名来明确彼此应当履行的职分，也就是要求既然居于某位（比如居于父位），拥有某名（父之名），就应该自觉地恪尽其职分（父抚育子女之职）。这就是"正名定分"。

君君，臣臣，父父，子子。

正名定分

齐景公向孔子请教为政之道。孔子回答说："君君，臣臣，父父，子子。"(《论语·颜渊》)"君君"中，前一个"君"字是名，后一个"君"字是分。"君君"是说，既然身为人君，就应当恪尽人君的责任。"臣臣"，则是指既然为人臣子，就应当恪尽臣子的职分。齐景公时代，大夫陈桓子势力强大，且施政能得民心，渐有取而代之之势。孔子的回答非常切合齐国的现状。所以，齐景公听了这番话，深有所感地说，如果"君不君，臣不臣"，即使粮食很多，我吃得到吗？

　　卫灵公之子蒯聩（kuǎi kuì）对南子（灵公夫人）的荒淫行为非常不满。蒯聩便与戏阳速（蒯聩家臣）定谋，在朝见南子时，让戏阳速看他眼色行事，刺杀南子。但戏阳速事到临头，却没有动手。南子觉察有异，号哭而逃，大喊："蒯聩要杀我。"事情既已败露，蒯聩只好出奔，逃亡到国外去了。卫灵公去世后，南子立蒯聩的儿子辄（zhé）为君（即卫出公）。而蒯聩则一直谋求夺回他所失去的一切。

　　当时，子路在卫国做官。子路问孔子："如果卫君任命您执政，您将先采取什么措施呢？"孔子说："如果我执政，此时一定先正名。"子路对此大为不解，认为老师太过迂阔（迂腐而不切合实际）。孔子斥责子路不明正名之义，说："名不正，则言语不能顺理成章。言语不能顺理成章，事情就做不好。事情做不好，礼乐就没法实行。礼乐没法实行，刑罚就不会得当。刑罚不得当，百姓就会手足无措。"(《论语·子路》)蒯聩父子争国，正是"名不正"（"父不父、子不子"），必然对卫国的社会风气产生很坏的影响。孔子认为在此种情形下，只有通过正名定分（做到"父父子子"），才有可能消弭其影响，使社会风气恢复常态。

忠恕之道

　　礼教的推行尚须遵循"忠恕之道"来行事。"忠"，是指自己要充分地尽到自身的职分。"恕"，是要设身处地为他人着想，宽以待人。

关于"忠"在礼教中的运用，孔子可以说是最佳的典范了。孔子曾经这样说：君子之道有四个方面，我一个方面也没有做到。要求儿子事奉我的，要用来事奉父亲，我没有做到。要求臣子事奉我的，要用来事奉国君，我没有做到。要求弟弟事奉我的，要用来事奉兄长，我没有做到。要求朋友对待我的，要先以此对待朋友，我没有做到。(《礼记·中庸》)孔子如此反躬自省，就是要求自身先敦伦尽分（忠），而不是站在道德的制高点上去责求别人。

"恕"在礼教中的运用又如何呢？先贤曾这样说：所厌恶于上级的行为，就不要用来对待下级；所厌恶于下级的行为，就不要用来对待上级；所厌恶于前面的人的行为，就不要用来对待后面的人；所厌恶于后面的人的行为，就不要用来对待前面的人；所厌恶于右边的人的行为，就不要用来对待左边的人；所厌恶于左边的人的行为，就不要用来对待右边的人。(《礼记·大学》)可见，"恕"，也就是"己所不欲，勿施于人"(《论语·颜渊》)，进而推己及人。

名　节

礼教特重名节。"名节"，即名誉与节操。"名节"与"荣辱"的观念密不可分。"名誉"，是他人对我们光荣行为的赞赏。"节操"，则是我们面对耻辱行为时，对底线的持守。所以，我们可以这样说："名誉"，事关道德的上限；"节操"，事关道德的底线。道德的底线更为重要，因为它维系着社会的基本秩序。

荣辱观，关系到社会风气的好坏、社会秩序的治乱。如果一个社会以"富厚"为荣，将会导致从上到下追逐个人利益的最大化，造成"上下交征利"(《孟子·梁惠王上》)的局面，渐渐地伦常之道随之败坏。顾炎

武认为，只有提倡名节，重塑社会的荣辱观，才有可能救正此种"积污之俗"（《日知录》卷十三）。

如此看来，遵循礼教的真义行事，才能塑造出一个充满温情而又和谐有序的世界。

思考讨论

重视"名节"的意义是什么？

链接

知非

唐·权德舆

名教自可乐，搢（jìn）绅贵行道。何必学狂歌，深山对丰草。

（权德舆《权文公集》卷一）

第三课　亲属

小说《西游记》中，孙悟空是由一块仙石受了天真地秀、日精月华化生出来的，故无父无母。在与金角大王、银角大王斗法时，孙悟空变化为者行孙、行者孙三兄弟把两位魔头着实戏弄了一番。孙悟空到底有没有兄弟呢？据吴承恩的叙述似乎是没有的。然而，在更早的文学作品中，孙悟空却不但有兄弟，而且有姊妹。元代杨景贤的杂剧《西游记》中，孙行者自报家门道："小圣弟兄姊妹五人：大姊骊山老母，二妹巫枝祇（qí）圣母，大兄齐天大圣，小圣通天大圣，三弟耍耍三郎。"（杨景贤《西游记》第三出第九回《神佛降孙》）为什么呢？现实中，人们总是处在各种亲属关系之中，所以神话中的人物也必须给他配上各种亲戚，就连"超升三界之外，跳出五行之中"的孙悟空也不能例外。

社会学家费孝通先生指出，中国社会的亲属关系是以自己为中心，像石子投入水中，和别人所联系成的社会关系，就像水的波纹一般，一圈圈推出去，愈推愈远，也愈推愈薄（费孝通《乡土中国·差序格局》）。这种说法把中国人的亲属关系形象地表达出来了。这些亲属关系所构成的一圈圈的同心圆，其内在的结构是怎样的呢？

三　党

亲属关系最大的同心圆，传统社会称之为"三党"（或三族）。什么是"三党"呢？"三党"就是父党、母党、妻党（若称三族，则为父族、母族、妻

族）。"三党"是由生育和婚姻所结成的人际关系的大网。"父党"，是指父系亲属，彼此之间存在血缘关系。"母党"，是指母系的亲属，主要由婚姻结成，彼此之间也存在血缘关系。"妻党"，是妻子一系的亲属，是由婚姻结成。礼仪规定，同姓之间，百世不婚，所以自身与"妻党"之间一般不存在血缘关系。

九 族

父党之间关系亲近，又称之为"宗族"、"本宗"。"母党"、"妻党"关系相对疏远，称为"外戚"或"外亲"。传统社会又把"三党"划分为"九族"。九族包括：父族四、母族三、妻族二。

父族四：父姓五服之内的亲属（包括未出嫁的女子），此为一族。已经出嫁的姑妈及其子女，此为一族。已经出嫁的姊妹及其子女，此为一族。已经出嫁的女儿及其子女，此为一族。以上为父族四。

母族三：母亲的父母为一族；母亲的兄弟为一族；母亲的姊妹（已嫁）及其子女为一族。以上为母族三。

妻族二：妻子的父姓亲属为一族；妻子的母姓亲属为一族。以上为妻族二（《白虎通·宗族》）。

根据如上界定，"九族"合起来，也就是"三党"。

"九族"还有一种说法，而且更为流行。《三字经》说：

> 高曾祖，父而身。身而子，子而孙。自子孙，至玄曾。乃九族，人之伦。

"九族"也就是高祖父、曾祖父、祖父、父亲、己身、儿子、孙子、曾孙、玄孙九代本宗亲属的集合。人生七十古来稀，传统社会里，一般人能见到高祖的都很少，更何况高祖以上。所以，本宗往上只溯至高祖。出于同样的原因，本宗往下只数至玄孙。这样"上凑高祖，下至玄孙"（《白虎通·宗族》），从高祖至玄孙，恰好九代，每一代为一族，就是九族了。可以说，此种九族之说是基于人世代谢的自然规律而建立的。

称　谓

"三党九族"，每种亲属关系，都有相应的人伦称谓，也就是有相应的名。这一点与西方有很大不同。西文兄与弟之称无别，姊与妹之称无别，比如英语中"brother"、"sister"前面若不加限定词，究竟是兄还是弟，是姐还是妹，我们是搞不清的。

父党称谓

父亲的父母称为王父母（王，有大的意思）或祖父母、大父母（俗称爷爷、

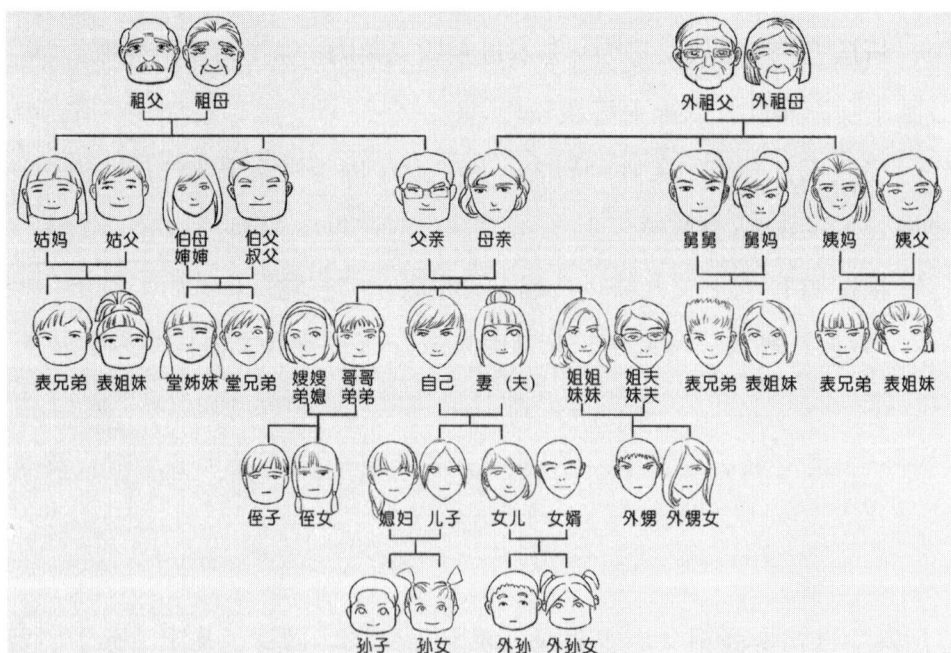

称　谓

奶奶）。王父母的父母称为曾祖王父母（简称曾祖父母）。曾祖父母的父母称为高祖王父母（简称高祖父母）。王父的兄弟称为从祖祖父（"从祖"指其分支的由来，从祖父那一代分支；"祖父"指其辈分），其妻称为从祖祖母。王父的姊妹，称为王姑（俗称姑奶奶）。

父亲的兄长称为世父，其妻称为世母（又称伯父母。俗称大爷、大娘）。父亲的弟弟称为叔父，其妻称为叔母（俗称叔叔、婶婶）。父亲的姊妹称为姑（其丈夫称为姑父）。

世、叔父的子女，称为从父兄弟、姊妹（简称从兄弟、姊妹，或堂兄弟、姊妹）。

父亲的从兄弟（也就是祖父兄弟的儿子），称为从祖父（"从祖"指其分支由来，"父"指其辈分）。父亲的从祖兄弟，称为族父。族父的儿子称为族兄弟。兄弟的子女，称为从子（俗称侄子、侄女）。

子之子为孙，孙之子为曾孙（俗称重孙），曾孙之子为玄孙。

母党称谓

母亲的父母称为外王父母（又称外祖父母）。母亲的王父称为外曾王父，母亲的王母称为外曾王母。因为是外亲，所以冠以"外"字。母亲的兄弟称为舅。母亲的从父兄弟称为从舅。母亲的姊妹称为从母（俗称姨）。从母的儿子称为从母兄弟，女儿称为从母姊妹（俗称表兄弟、姐妹）。舅舅的子女，称为表兄弟、姊妹。

妻党称谓

妻子的父亲称为外舅，母亲称为外姑。之所以这样称呼，是因为妻子称丈夫的父亲为舅、母亲为姑（俗称公婆）。夫妇匹敌，所以丈夫也用舅姑称妻子的父母。外舅，世俗称之为泰山、岳父。

据说，唐玄宗时封禅泰山，张说为封禅使。按照旧例，封禅后，三公以下的官员都要升一级。张说的女婿郑镒（yì）本来只是九品官，封禅后却骤迁至五品。当时举行宴会，玄宗见郑镒升得如此之快，就问其缘故。郑镒无词以对。黄旛（fān）绰（chuò）说："这是泰山起的作用啊。"（段成式《酉（yǒu）阳杂俎（zǔ）》卷十二）自此，外舅就有了泰山之称。泰山为五岳之一，故又称外舅为岳丈（或岳父）。因此，外姑又称为泰水（水与山相对）、岳母。

妻子的兄弟称舅。这种称谓与夫之兄弟称叔是相对的。舅、叔大概都是从子女之称。另外，妻子的兄弟也可以称为内兄弟。

五　服

根据传统礼仪，"三党九族"都被纳入五服体系，通过五服来区别分亲疏远近。所谓"五服"，是指丧服的五个等级：斩衰（cuī）、齐（zī）衰、大功、小功、缌（sī）麻。从斩衰到缌麻，布料由粗而细，裁制方面渐加修饰。丧服最高的一等为斩衰（为父亲所服），随着去世的亲人与自己关系的疏远，所服丧服等级逐渐降低（如为祖父服齐衰，为外祖父服缌麻），以至于无服（如为高祖以上的祖先无服）。

直到今天，民间仍然以五服作为衡量亲属关系远近的标准。五服是一个界限，五服以内，比较亲近，遇事要常相往来，"生相亲爱，死相哀痛"（《白虎通·宗族》）。五服以外，关系已经疏远，婚丧之礼可以不相往来。

收　族

"五服"是亲属关系的基本结构。"五服"中的本宗，是亲属关系的核心。协调本宗亲属，抟（tuán）聚族人，是属于族长的责任。抟聚族人，除了要保证本宗亲属和睦有序的相处外，还要谋求本宗的发展，礼把此举称之为"收族"（或合族）。

北宋名臣范仲淹在"收族"方面为后世树立了典范。范仲淹幼年丧父，艰辛备尝，大概此种经历激发了他收合宗族的想法。在杭州做官时，范仲淹"尽以余俸买田于苏州，号义庄，以聚疏属"（富弼《范文正公墓志铭》）。他购置义田、建造义宅、开办义学，还为义庄制定了严格的规矩。比如，规定：义田所得的租米，自远祖而下，诸房宗族，根据人口，提供日常衣食所需以及婚嫁、丧葬费用（余治《得一录》卷一《范氏义庄规条》）。范氏义庄供给的对象，不限于五服的亲属，而是自远祖而下的整个范氏宗族。受范仲淹影响，范氏后裔多能遵守祖训，竭力维持义庄。至清末宣统年间，范氏义庄拥有田产达5300亩。范氏义庄绵延八九百年，它的收族作用自然是不言而喻的。

思考讨论

制作一份自家高祖以来的简易族谱，了解谱中人物的事迹。

链接

杂诗·丈夫志四海

晋·陶 潜

丈夫志四海，我愿不知老。亲戚共一处，子孙还相保。觞（shāng）弦肆朝日，樽（zūn）中酒不燥。缓带尽欢娱，起晚眠常早。孰若当世士，冰炭满怀抱。百年归丘垄，用此空名道。

（陶潜《陶渊明集》卷四）

第四课　男女

民国时，曾有人画了几幅漫画反映近代以来"男女平权"存在的问题。漫画表现的是一对男女从约会到婚育的过程。二人秉持男女平等的原则，约会时事事实行ＡＡ制，结婚时选择的是西式婚礼。及至女方有了身孕，女士说："现在我怀了孕，男女仍要平权。"男士俏皮地回答道："你怀五个月，我怀五个月，好么？"

大概没有人会否认，男与女在生理、心理方面，存在着不可消弭的差异。传统礼仪的"男女有别"正是基于这些差异来讲的。《周易·系辞上》说："乾道成男，坤道成女。"男女平等而有区别，只有相辅相成，阴阳和合，社会才能和谐，人类才会繁衍不息。

内外之别

英国社会学家蒲士说："男子的基本功能是为社会供给食用，女子的基本功能是为社会养育儿女。"（蒲士著，刘英士译《妇女解放新论》第四章，新月书店，1931年，第81页）这曾是人类在历史中形成的一种共识（无论中西）。此种观点把人类生活视为一个整体，认为在此整体中，男与女各有其位置、功能，对社会的存在和演进各有其贡献，不可或缺，不可颠倒。他们的价值是相等的，不可以优劣论。

衣、食是人类生活不可或缺的要素。在农业社会，基于男女体质上的差异，自然而然地出现男耕女织的分工，"食"属于男功，"衣"属于女功。

再加上，生育是女子的天职。这样女子的活动范围就主要局限于家庭内部了。而男子则有更多的时间、精力，可以用来参与公共事务。于是，传统社会的家庭生活，就自然表现为"女正位乎内，男正位乎外"（《周易·家人·彖（tuàn）》）。

以历史的眼光来看，这种分工是文明演进的产物，也随着文明的演进而被突破。颜之推曾介绍过当时江南跟北方风俗的差异。江南女子恪守礼法，很少有交游活动。北方风俗，则出现妇人主持门户的局面。打官司、人情往来，都由女子出面。颜之推推测，这大概是鲜卑人带来的风气（"恒代之遗风"。颜之推《颜氏家训·治家篇》）。

随着工业化的推进，很多女功（如纺织、食品加工）被机器生产取代，女子在家庭之中逐渐失去其安身之位。于是，近代以来，女子渐渐走出家庭，接受同男子一样的教育，走向跟男子基本一样的工作岗位。这样，"男主外、女主内"的家庭结构也就逐渐发生了改变。当今社会女子有了更多、更自由的职业选择。才性卓越的女子，当然可以跟男子在任何工作领域相颉颃（xié háng，泛指不相上下，互相抗衡），甚至比男子做得还要优秀。

出生礼仪之别

传统社会，基于男女分工不同，人们迎接男孩、女孩诞生的礼仪也就做出相应的区分。《诗经·小雅·斯干》用优美的诗句记录了这种区别。

下莞（guān）上簟（diàn），乃安斯寝。乃寝乃兴，乃占我梦。
吉梦维何？维熊维罴（pí），维虺（huǐ）维蛇。
大人占之：维熊维罴，男子之祥；维虺维蛇，女子之祥。

乃生男子，载寝之床，载衣之裳，载弄之璋。其泣喤喤，朱芾
（fú）斯皇，室家君王。

乃生女子，载寝之地，载衣之裼（tì），载弄之瓦。无非无仪，
唯酒食是议，无父母诒（yí）罹（lí）。

孕妇梦见熊罴等兽类，是生男的预兆；梦见虺蛇，则是生女的预兆。不
管预兆如何，都一样令人欣喜。男孩出生后，把他寝卧在床榻上，给他
穿上衣裳，拿来一块玉璋（礼器）让他玩耍。这是因为男子成人后要参与
社会公共事务。女孩，则把她寝卧在地上，用襁褓包裹着，拿一个纺砖
让她玩耍。这是因为女子成人后的职责是纺织、主中馈（指酒食），照顾
家庭。所以，"生子曰弄璋，生女曰弄瓦"（《幼学琼林·男女》）。先秦时代，
人们席地而卧，寝于地上是再平常不过的事，并非歧视女孩。

另外，男孩出生，要在大门左侧悬挂一张弓；女孩出生，则要在大
门右侧悬挂一块帨（shuì）巾。三天后，抱着孩子，让他面朝前，如果是
男孩，要派人用桑枝做的弓、蓬蒿做的箭，射天地四方（《礼记·内则》）。
这是象征男子有志于四方。女孩子则不必如此。孩子出生三个月之后，
择取吉日，剪发，留下少许，"男角女羁（jī）"（《礼记·内则》）。男孩囟
（xìn）门左右各留一撮，像角一样。女孩留头顶上的发，一纵一横交叉，
称为羁。或者，男孩囟门左侧留一撮，女孩囟门右侧留一撮。这些礼仪
的不同，主要是为了彰显男女之别。

教育之别

传统社会，男有男学，女有女学。礼制规定的男女教育，分为两个
阶段，以十岁为界限。

十岁以前，属于启蒙阶段，教育内容比较简单，偏于礼仪养成方

面，男孩、女孩接受的教育大体相同，但仍有些差别需要注意。

孩子幼小时，以母乳喂养。三日负子（负是抱的意思。负子，是让孩子面朝前，抱着他）时，象征性地用谷物来喂下孩子。乳哺阶段，以保养孩子的身体为要，还谈不上真正的教育。等到孩子真正可以吃谷物时，教育也就正式开始了。吃饭时，教孩子用右手，这是社会的一般习惯，不分男女。孩子能说话，就要教他应对之辞，男孩用"唯"，女孩用"俞"。男孩、女孩都要佩带帨（shuì）巾（相当于手帕），男孩的帨巾放在革囊里，女孩的放在丝囊里。这里就有阴阳刚柔的寓意了。六岁时，教孩子数数、辨别方位（空间意识）。这方面不分男女。七岁，男女不同席而坐，不共席吃饭。这是为了强化他们的性别意识。为什么是在七岁时？大概与古人对生命节点的认知有关。八岁，要学习基本的谦让礼仪，行走、出入门户、就坐、饮食都要在长者之后。九岁，教孩子计算时日，分别朔望（初一、十五）。这既是数的训练，也是时间意识的强化。

根据礼制规定，十岁以后的教育，男女有很大差别。男孩子十岁就要到学校去学习，寄宿在外，学习文化典籍，系统学习幼仪，注重诚实、守信等德性的涵养。十三岁时，学习音乐、舞蹈，先学习文舞。十五岁，成童，学习武舞、射箭、驾车。二十岁成人，学习各种典礼，以及文武综合的大型舞蹈（之前所学的是小型舞蹈）。此时，男子可以娶妻。

按照古礼，女孩十岁要"养在深闺"，不再出门，从此开始接受系统的女学教育。女学包括妇德、妇言、妇容、妇功四个方面。女孩子在家族祭祀时，要观摩并参与其中，学习祭祀礼仪。女子十五岁成人，可以许嫁。出嫁前，女子还要接受三个月的婚前教育。

我们可以发现，礼制规定的男孩的教育包括德育、智育、体育、美育四个方面，这些是为他走向社会，处理社会公共事务做准备。女孩的教育是针对将来其为人妻、为人母的角色而设计的，主要是家政教育。了解这种不同，有助于我们更深刻地理解传统社会及其礼俗。

交际礼仪之别

除了男唯女俞、男女不杂坐外，在礼仪方面，男女还有一些差别。凡男拜，尚左手。凡女拜，尚右手（《礼记·内则》）。作礼拱手时，男子左手在外，女子右手在外。男女授受不亲，一般情况下不直接用手传递物品。如果要授受，则要用筐作为中介，没有筐就要采取奠授受（参《中华日常礼仪基础教程》第一册）的方式。

男女礼仪的差别还表现在贞节观上，《千字文》说"女慕贞洁，男效才良"。在传统社会里，男子能够参与社会公共事务，评价他的标准就有很多，因此社会也就不单以身体的贞洁责求于他，或者说对男子贞洁的要求更偏于精神上要尽到忠孝节义。至于女子，由于无法参与社会公共事务，因此评价她的标准也就相对狭隘，就用身体上的贞洁来责求她。

交际礼仪之别

在古代，男主外，女主内，在建筑上，有与之相应的界限。建设房屋之初，就要区别内外，男子居外，女子居内。内外之间，有高大的墙壁相隔。虽然有门沟通内外，但是有人严格把守。内室是女眷所居，男子（尤其是外姓男子）不可轻易进入。女子也不轻易到外庭（《礼记·内则》）。林黛玉进京都，弃舟登岸后，荣国府已安排了轿子等候。轿夫们抬着林黛玉从角门进入贾府，只走了一射地，将转弯时，便歇下退出去了。然后另换十七八岁的小厮上来抬轿，抬至一垂花门（内院院门）前落下，众小厮退出（《红楼梦》第三回）。这里表现的正是内外之别。

在交际礼仪方面，有一条特别规定：嫂叔不通问。这条规定往往引起人们的误解。《水浒传》写潘金莲欲武松搬回家住。

> 那妇人道："叔叔是必记心，奴这里专望。"那妇人情意十分殷勤。（《水浒传》第二十三回）

叔嫂之间当然可以有正常的交流，只是不宜有一些情谊殷殷、嘘寒问暖式的关切。如上面潘金莲所说的"奴这里专望"，大家一看都明白，她是别有用心。到后来，潘金莲更进一步。

> 那妇人独自一个冷冷清清立在帘儿下等着，只见武松踏着那乱琼碎玉归来。那妇人揭起帘子，陪着笑脸迎接道："叔叔寒冷。"

"叔叔寒冷"，显然属于"通问"，逾越了界限。

思考讨论

现代社会强调男女平等，男女双方都不能以性别为由歧视对方。在这样的前提下，"男女有别"的意义有了怎样的变化？

链接

男女

宋·陈淳

男正位乎外，女正位乎内。男女无相渎（dú），天地之大义。

男十年出外，就傅学书记，学乐学射御，学礼学孝弟。

女十年不出，姆教婉娩（wǎn wǎn）从。执麻治丝茧，观祭纳酒浆。

男女不杂坐，嫂叔不通问。内言不出阃（kǔn），外言不入阃。

男不言内事，女不言外事。非祭不交爵，非丧不受器。

姑姊妹女子，已嫁而反室。弗与同席坐，弗与同器食。

（陈淳《小学诗礼》）

第五课　夫妇（上）

关于婚姻，钱锺书在《围城》里有一番妙喻，广为人知：婚姻是一座围城，城外的人想冲进去，城内的人想逃出来。"想冲进去"，说明爱情是甜蜜的。"想逃出来"，说明婚姻别有一番苦楚。不管怎样，婚姻似乎是人生的必需品，就如钱锺书所说，上帝垂怜阿大（Adam）的孤寂，只为他造了夏娃，并未另造个阿二（钱锺书《论交友》，收入《人生边上的边上》）。婚姻并不必然是苦楚的，世间的夫妻，琴瑟和谐、夫唱妇随的也不在少数。看来，关键在于如何选择与维护。

传统社会注重男女之别，所以对夫妇的结合、相处，乃至离异，都有严格的礼仪规定。这些礼仪背后所蕴含的思想，对我们当今的生活，仍然具有指导与借鉴意义。

结合之礼

《诗经·齐风·南山》说：

> 艺麻如之何？衡从（通"纵"）其亩。取（通"娶"）妻如之何？必告父母。
>
> 析薪如之何？匪斧不克。取妻如之何？匪媒不得。

传统社会，男娶女嫁不得自专，必须经由"父母之命，媒妁（shuò）之

结合之礼

言"才能结合。这样做是为了"远耻辱、防淫泆(通"佚")"(《白虎通·嫁娶》)。

传统社会里,男女议婚,不经媒人说合,便贸然提亲,如果遭到拒绝,受损的将是整个家族的声誉。所以,传统社会是不会出现男方父亲亲自上门提亲这种情形的。这就是所谓的"远耻辱"。男女青年春机勃发之时,血气尚弱,筋骨未定。孔子说:"少之时,血气未定,戒之在色。"(《论语·季氏》)青春期的男女,对异性会有一种好奇与幻想。此时,若没有适当的疏导与防遏(è),任其泛滥发露,往往会酿成恶果,致使身心受损。议婚必须经过"媒妁之言",正是属于防遏的措施。可见,这些礼仪规定的本意是要保护男女青年。

传统社会为什么强调婚姻必须由父母做主呢?大概是因为,父母为子女议婚,比较谨严审慎。而自由恋爱,则容易为一时血气、情感所蒙蔽。《大戴礼记·保傅》:"谨为子孙娶妻嫁女,必择孝悌世世有行义者。"这样诞育的子孙就会慈孝贤善,其婚姻可以说是"优生婚姻"。若是自由恋爱,则受"情人眼里出西施"心理的影响,择偶时会将爱慕的对象理想化,有时难免缺乏客观标准。

《婚姻法》明确规定"婚姻自由","结婚必须男女双方完全自愿，不许任何一方对他方加以强迫或任何第三者加以干涉"。中国社会的实际情况却是，即便是自由恋爱，为人子女者也会去征求父母的意见。1927年礼制馆修订的《昏（同"婚"）礼草案》采取同意婚。"同意婚"是指父母为子女议婚时，要询问子女的意见，征得其同意（《礼议》第一期）。相对于同意婚，子女议婚时，要征得父母的许可，可以称之为"许可婚"。

择偶标准

传统礼仪对择偶标准，有严格的界定。归纳起来，主要有同姓不婚、外属不婚与五不娶。

1.同姓不婚

礼规定，"取（同"娶"）妻不取同姓"（《礼记·曲礼上》）。因为，古人早就认识到"男女同姓，其生不蕃（fán）"（《左传》僖公二十三年）。唐代法律规定，"诸同姓为婚者，各徒二年"（《唐律疏议》卷第十四），若未出五服，则惩罚更重。现代的《婚姻法》虽然放宽了限制，但仍明文禁止"直系血亲"结婚。

2.外属不婚

《白虎通》说："外属小功已上，亦不得娶也。"（《白虎通·嫁娶》）"外属"，是指"母党"。"外属小功"，是指外祖父母、从母（母亲的姊妹）。唐代律典禁止五服内外姻尊卑不同的人结婚，但没有禁止尊卑相同的人（如姑之子、舅之子）结婚（《唐律疏议》卷第十四）。现代的《婚姻法》则规定"三代以内的旁系血亲"禁止结婚。三代以内的旁系血亲，就是指外属（包括姑之子、舅之子在内）。这比古礼还要严格。古礼、今律都是基于生物学、遗传学的原理，为优生而设。

3. 五不娶

同姓不婚、外属不婚，只是将一些人摒除在议婚对象范围之外。更为细致的婚娶标准则是"五不娶"。《大戴礼记·本命》说：

女有五不取（通"娶"）：逆家子不取，乱家子不取，世有刑人不取，世有恶疾不取，丧妇长子不取。

"五不娶"虽说是从男方来立论，其实女方择婿未尝不是依此标准行事。"逆"，是指悖逆道德。"乱"，是淫乱。"世有刑人"，是指好几代都出现过触犯法律之人。"世有恶疾"，是指好几代都曾出现过患某种疾病之人。"丧妇长子"，谓长女无母者。无母，则失教，因此不娶。"五不娶"中的前四项事关家世清白与否。传统社会，父母为子择妇、为女择婿，首重家世清白，其根据就在"五不娶"。

西晋刘寔（shí）的妻子生下儿子刘跻（jī）后就去世了。华氏便打算将女儿嫁给刘寔。其弟刘智劝谏说："华家类贪，必破门户。"刘寔推辞这门婚事，但没有成功。华氏给他生了一个儿子刘夏。刘夏秉性贪婪，为官后，曾因为贪污受到严惩，连累刘寔也被免官。后来，刘寔官至大司农，又因为刘夏犯罪而被罢免（《晋书·刘寔传》）。

刘寔择妻不慎，败坏的还只是刘氏一门。晋武帝司马炎为子择妇不慎，就不止败家，乃至于亡国了。晋武帝本想为儿子聘娶卫瓘（guàn）之女为妃，但是杨皇后被贾（贾充）、郭（郭槐，贾充之妻）亲党所迷惑，执意要娶贾充之女。武帝分析两家女的长短：卫家种贤（家世清白）、多子（瓘有五子）、容貌娇美、身材高挑、皮肤白皙；贾家种妒（郭槐性妒忌）、少子（郭槐只为贾充生过两个儿子，皆因郭槐妒杀乳母，致儿早夭）、容貌丑陋、身材矮小、皮肤黝黑。但杨皇后固执己见，又有荀颛（yǐ）、荀勖（xù）等人煽惑，最终聘娶贾女。开始本拟聘郭槐所生的小女儿贾午（韩寿偷香故事的女

主角），但年龄太小，就改聘其所生长女贾南风。贾南风果然也是生性妒忌、暴虐，且多权诈，遂干政弄权，引发了“八王之乱”，间接导致西晋的灭亡（《晋书》卷三十一）。

相处之道

举行婚礼后，夫妇的名分真正确定下来，彼此之间也就要承担起为人夫与为人妇的责任。夫妇齐等，夫义妇从，从夫妇的名义上都表现出来了。夫妻又可称为伉俪（kàng lì）。“伉”是对等、敌等之意，“俪”是配偶之意。“伉俪”就意味着夫妻双方是对等的关系。对等是在承认差异的基础上（男女之别），给予对方以相等的对待。

1.一伦蕴四礼

古人认为，夫妇一伦，其实蕴含着其他四伦的因素在内。妇人早起，洗漱毕要来拜见夫君，这有似乎君臣。夫妇之间，虽是义合，但相处既久，仁恩渐生，有似乎父子。夫妇间财产虽有界限，但可以共同会计有无，有似乎兄弟。闺阃（kǔn）之内，衽（rèn）席之上，往往以道义相互规谏、劝勉，这又有似乎朋友（《白虎通·嫁娶》）。所以，夫妇间的关系复杂而微妙，最考验人的智慧。

2.挚而有别

中国人理想中夫妇关系的状态，可以归纳为四个字：“挚而有别”。古人发现自然界有一种鸟，名“雎鸠”，“生有定耦（通“偶”）而不相乱，耦常并游而不相狎（xiá）”（朱熹《诗集传》语），认为它是人间佳偶的象征，从而加以歌咏——“关关雎鸠，在河之洲”。挚，指情谊深挚（爱）。有别，指相敬如宾（敬）。舒婷的《致橡树》描述理想的爱情，“仿佛永远分离，却又终身相依。这才是伟大的爱情，坚贞就在这里……”她所表达的不也正是“挚而有别”之意吗？

夫妇有别，在礼书中有很多具体规定。比如，夫妇间衣架、箱子、枕头、簟（diàn）席、毛巾、梳子等物都要分用。妻子的衣物不可以挂到丈夫的衣架上，也不可将自己的衣物等收藏在丈夫的箱子里。只有年及七十时，两人才可以"同藏无间"（《礼记·内则》）。丈夫若不在，妻子要将丈夫的枕、席等物收敛藏好，不可袭用。

传统社会的夫妇有别，还表现在要尊重彼此隐私、维护彼此尊严方面。孟子曾因撞见妻子"箕踞"而向母亲提出休妻。但孟母指出，他进入室内时没有遵守"将入户，视必下"等尊重他人隐私的礼仪，是他失礼在先。由此事可知，根据礼仪，夫妻之间也要尊重彼此隐私。朱柏庐《治家格言》说："堂前教子，枕边教妻。"枕边教妻，也叫"背后教妻"，是说若妻子犯了过错，不宜当着外人的面直接指出，应该姑且涵容。等外人离开后，才可以在适当的时候指出。这样就保全了她的颜面，不至激化成矛盾。妻子对丈夫，也应当如此。

3. 以道相辅

自古将妻子称为"内助"，"内助"不仅是指在家政处理方面协助丈夫，还包括在立身行事方面对丈夫要以道相辅。

历史上，乐羊子的妻子是以道辅夫的典范。乐羊子曾在路上拾到一块金饼，回到家后，交给妻子。他的妻子说："我听说，有志之士不喝盗泉的水，廉洁之人不吃嗟来之食，更何况拾取人家丢失的东西玷污自己的品行呢？"羊子顿感惭愧，就把金饼扔到野外，并远出拜师求学。一年后，羊子回来了。妻子问他是何缘故。羊子说："长期在外，思念家人，并无其他缘故。"妻子就用刀把织机上的布割断，说："这布是积寸累尺才织成的，如果用刀割断，就前功尽弃了。你积累学问，也是每天获得新知，逐渐成就自己的美德。如果中断，与这断布有什么不同呢？"羊子为其言所感，就又回到老师那里学习，七年都没回家（《后汉书·列女传》）。唯有以道相辅，夫妇双方在德行上日趋完善，才有可能获得美满的婚姻。

思考讨论

即使在当代，婚姻中仅仅是"两情相悦"还是不够的，而仅仅强调"父母之命"、"媒妁之言"又可能沦为"逼婚"。讨论一下：婚姻中"情"与"礼"是怎样的关系？我们该如何面对？

链接

八至

唐·李 冶

至近至远东西，至深至浅清溪。至高至明日月，至亲至疏夫妻。

（《全唐诗》卷八百零五）

闲居杂咏·夫妇

宋·陈 淳

夫妇亦大端，乾男而坤女。一言在有别，不可欲败度。

（陈淳《北溪大全集》卷一）

第六课　夫妇（下）

　　"盖说夫妇之缘，恩深义重，论谈共被之因，结誓幽远。凡当夫妇之因，前世三年结缘，始配今生夫妇。若结缘不合，比是怨家，故来相对。妻则一言十口，夫则眅（pān，白眼）目生嫌。似猫鼠相憎，如狼犺（yín，两犬相啮）一处。既以二心不同，难归一意，快会及诸亲，各还本道。愿妻娘子相离之后，重梳蝉鬓，美扫娥媚（眉），巧逞窈窕之姿，选娉高官之主，解冤释结，更莫相憎。一别两宽，各生欢喜。"（张玉玺主编《中国历代契约会编考释》，北京大学出版社，1995年，第482页）这样缠绵悱（fěi）恻的不是一封情书，竟然是唐人的一纸"放妻"书。其中不见任何剑拔弩张的怨怼之词，却有着昔日的款款深情与来日的诚挚祝福。这些不能不让我们充满好奇，传统礼仪究竟是怎么处理夫妻离异之事呢？

义　离

　　夫妇"义合"，也可"义离"，本是极为自然的事。《礼记·郊特牲》说："一与之齐，终身不改，故夫死不嫁。"这是因为夫妇双方平日相处和睦，都没有违背道义之举，所以丈夫去世后，妻子念及往日恩情，不复再嫁。传统社会，家庭是社会的基本单元，丈夫身后上有老、下有小，妻子若改嫁，虽然合礼，却在道义上有些缺憾。我国历史上出现过很多伟大的女性，她们独自抚养幼子，使之成人，乃至成为文化巨人，孔子、孟子、欧阳修、岳飞等无不如此。

但是，夫妇相处过程中，佳偶成怨偶，良缘变孽缘，亦有礼可循，用以分离。孟子说："非礼之礼，非义之义，大人弗为。"（《孟子·离娄下》）孔门三世出妻，曾子也曾出妻。只是，礼仪对此有严格的限制，并非如世人想象的那样，男子可以为所欲为。

七 去

"七去"，也称"七出"。"出"、"去"，都是休弃之意。古礼规定，妻子若有下面七种行为的某一种，可以考虑休妻。

义 离

> 妇有七去：不顺父母去，无子去，淫去，妒去，有恶疾去，多言去，窃盗去。（《大戴礼记·本命》）

"无子"，是指没有生出儿子。传统社会，"不孝有三，无后为大"的观念很强，因此就有"无子去"的规定。但礼法对"无子去"有严格限制，必须妻子年五十以上无子，才可以休妻。也就是说，妻子年四十九以下无子，不可以休弃（《唐律疏议》卷第十四）。"淫去"，现代人也还遵循着。"妒"，是指妒忌，不能与妾等和睦相处。"有恶疾"，是指妻子罹患某种恶病，没法与丈夫共同祭祀先人（祭祀要洁净）。"口多言"，是指搬弄是非，离间宗亲。"无子去"、"妒去"、"有恶疾去"、"多言去"，在当今社会基本已经不复存在了。"不顺父母去"、"盗窃去"相对复杂，需要加以说明。

不顺父母去

"不顺父母"，是指不能孝敬舅姑（公婆），无以得其欢心。传统社会是大家庭，父母在夫妻关系中起着重要作用。礼规定：虽然夫妇之间琴瑟和谐，但是若妻子不能得父母欢心，致使"父母不悦"的话，还是要出妻。反之，虽然夫妇之间琴瑟不调，但是若妻子能善事父母，得其欢心，丈夫则要善待妻子，而且终身都不可改变。当然，礼对"父母不悦"是有限制的。如果儿媳不孝敬，公婆不可嫉恨怨恶，要秉持宽厚之心，以礼相待，姑且语重心长地加以教导。反复教导，若无成效，这才责数她，以冀其能悔改。如果责数也不起作用，就只能休弃了。休弃时，还不可以彰显她的恶行（《礼记·内则》）。婆媳关系，由来难处。刘兰芝、唐婉那样的遭遇毕竟只是少数。古人有句妙语——"不痴不聋，不成姑公"（《宋书·庾炳之传》）。装聋卖傻，避其锋芒，也就化解了矛盾，虽然显得无奈，谁又能说这不是一种智慧与大度呢？现实中，十之八九的公婆大概都是这样做的吧。

盗窃去

窃盗，主要是指私自积聚，存私房钱。传统社会，大家庭中，子女不可专财，所以才有此种规定。韩非子讲过一件有趣的故事。卫人嫁女，嘱咐女儿说，你一定要存些私房钱，因为"为妇人而出，常也；其成居，幸也"（《韩非子·说林上》）。女儿到了夫家后，果然存起了私房钱。婆婆发现后，就休弃了她。结果，她带回来的财物比出嫁时的嫁妆还要多。其父不知反省，反倒庆幸自己有先见之明。

我们把"七出"放在传统社会的大家庭背景下就容易理解，它们的出发点是维护家庭、家族的和睦。现代社会多是小家庭，而且崇尚男女平等，婚姻似乎成了夫妻两人之间的事。其实不然，在当今社会，一桩婚姻关系到双方的大家庭还有自己的小家庭三个方面。夫妻双方应该

抱着庄敬之心来对待婚姻，用爱与包容呵护、维持婚姻。现在，法律规定了一个离婚冷静期，在提出离婚申请的一个月内，任何一方不愿意离婚，都可以撤回离婚申请。这种举措，有利于婚姻关系的维持，有利于家庭的和睦，从而有利于社会的和谐，因为家庭是社会的基本单元。

三不去

虽然妻子犯了七出，若存在下面三种情况，仍然不可以休妻。《大戴礼记·本命》说：

> 妇有三不去：有所取，无所归，不去；与更三年丧，不去；前贫贱，后富贵，不去。

"有所取，无所归"，是指女方没有大功以上的亲人。如果休弃的话，会让她陷入非常窘迫的境地，无以自活。"与更三年丧"，是指夫妻共同为父母养老送终，且父母在世时并没有觉得儿媳有什么地方不好。如果休弃，就有色衰爱弛和不孝的嫌疑。"前贫贱，后富贵"，是指夫妇曾共患难，丈夫后来发达了，不可以休弃妻子。

齐景公的女儿想嫁给晏婴。景公前往晏婴家中燕饮，借机劝晏婴休弃年老貌丑的发妻，要把爱女嫁给他。晏婴说："她也曾有年轻貌美的时刻，那时她将终身托付于我，而我也接受了她的托付。君上虽然有厚赐，我怎可负人所托呢？"（《晏子春秋·内篇·杂下》）晏婴再拜推辞了景公的好意。东汉光武帝寡居的姐姐看上了宋弘。后来宋弘被引见，光武帝就让公主坐在屏风后面，然后试探地问宋弘："谚语说：贵易交，富易妻。这是人之常情吗？"宋弘回答道："臣闻'贫贱之知不可忘，糟糠之妻不下堂'。"光武帝回头对公主说："事情办不成了。"（《后汉书·宋弘传》）

晏婴、宋弘持守礼仪，为世人所称道。

唐代法律规定，妻子虽犯"七出"，但符合"三不去"的条件，如果休弃，丈夫要被杖打一百，"追还合"（《唐律疏议》卷第十四）。

不表礼

"子放妇出，而不表礼焉"（《礼记·内则》）。"表"，是彰明之意。"不表礼"，指休妻时，不可彰明女方所犯的过错。既然不明言其过，往往就找些细微的过失，比如"对姑斥狗"（有指桑骂槐之嫌）、"藜蒸不熟"等，借此出妻。"藜蒸不熟"，是曾子休妻之事（《孔子家语·七十二弟子解》）。藜菜叶没有蒸熟，曾子就把妻子休掉了，并不合"七去"的规定。时人对曾子之举颇不理解，后人更是觉得他太过刻薄。其实，曾子之所以这样做，正是出于"不表礼"的考虑。程子分析说，这是女方平时犯了"七出"，但"君子不忍以大恶出其妻，而以微罪去之"（《二程语录》卷十一）。如果明言其犯了"七去"，则会让她名节受损，难以再嫁。因此，男方只找些无关紧要的过失，以此为由休妻，借以保全女方的名节。这正是古语"出妻令其可嫁"之意。

除了"不表礼"外，离异时，男女双方还要以礼相待。休妻，并不是如影视剧里表现的那样丈夫直接丢给妻子一纸休书了事。此事要征得父母、家族的同意，有时还要经过官府的认肯。妻子离开时，男方一定要派人将她送回娘家（不可让其独自回去），双方仍以宾主之礼相待（"出妇之义，必送之，接之以宾客之礼。"《白虎通·嫁娶》）。丈夫派的使者到了女方家中，述说此事时，只归咎于自身"不敏"，致使婚姻无法维持下去，并不指责对方。女方父亲则归咎于女儿"不肖"。使者告辞时，主人仍要拜送（《礼记·杂记下》）。由此看见，面对夫妻离异之事，传统社会双方家庭都表现得充满理性而又不乏温情。

还妆奁

传统社会，女子也拥有财产权，出嫁时，父母将其财产变现为妆奁（lián）送给她。《诗经·卫风·氓》"以尔车来，以我贿迁"，"贿"就是其妆奁。

妆奁就是女子的婚前财产，丈夫没有资格动用、处理。礼规定，出妻，要将妆奁如数归还给女方。诸侯出夫人，使者护送夫人回国后，有一个重要环节——"陈器皿"（《礼记·杂记下》）。器皿，就是指夫人出嫁时所携带的妆奁。秦汉的法律也明确规定"弃妻，畀所赍（jī）"（《礼记》郑注引汉律），即休妻要归还出嫁时她所带来的嫁妆。至明清时代，法律规定，女子再嫁，其原来随嫁的妆奁财产则由夫家做主，与古礼相比，这不能不说是一种倒退。

《蒋兴哥重会珍珠衫》中，蒋兴哥打发妻子回娘家后（其实是休妻），就将"楼上细软箱笼，大小共十六只，写三十二条封皮，打叉封了，更不开动"。三巧被休不久，潮阳知县吴杰欲纳为妾。王父亲自告知蒋兴哥，兴哥并不阻拦，而且"临嫁之夜，兴哥顾（通"雇"）了人夫，将楼上十六个箱笼，原封不动，连匙钥送到吴知县船上，交割与三巧儿，当个赠嫁"（冯梦龙《喻世明言》）。那十六个箱笼本是三巧的嫁妆，此时蒋兴哥原封不动地交还给了她。这样做合乎古礼，体现了忠厚之道。

义　绝

传统社会，夫可休妻，妻不可休夫。即便丈夫有恶行，也不可以。因此有"妻不去夫"之说。然而，如果丈夫做出悖逆人伦的事情，夫妻恩义已绝（义绝），妻子必须弃夫而去，而且不可复婚。古礼规定，杀妻父母，属于义绝（《白虎通·嫁娶》）。后代法律更为严格，唐律规定，义绝包括下面几种情况：殴打妻子的祖父母、父母，杀死妻子的外祖父母、伯叔父母、兄弟、姑姑、姊妹（《唐律疏议》卷第十四）。因为父母等是天属、血亲，而丈夫只是义合，所以只要丈夫做上述悖逆人伦的事情，妻子就必须弃夫而去。如果不离去，将会受到惩罚。唐律规定，犯了"义绝"而不离婚的，将被判处一年徒刑（《唐律疏议》卷第十四）。当然，如果妻子做出类似的事情，丈夫也必须与妻子恩断义绝。

这里还需要补充说明一点，虽然妻不可去夫，但是妻子并不是不可以主动提出离婚。汉朱买臣妻，就是主动"求去"。在法律上，也有"和离"之说，是指"夫妻不相安谐"的情况下（《唐律疏议》卷第十四），通过协商，双方达成共识后，得以离异。现代社会，男女平等，这些自然不成问题。

思考讨论

古人离婚时"不表礼"，对现代社会有什么启示意义？

链接

五伦箴·夫妇

明·陈献章

夫以义为良，妇以顺为正。和睦祯祥来，乖戾灾祸应。
举案必齐眉，如宾互相敬。牝（pìn）鸡一鸣晨，三纲何由正？

（《解人颐·懿行集》）

第七课　父子（上）

父子有恩

蓼（lù）蓼者莪（é），匪莪伊蒿。哀哀父母，生我劬（qú）劳。

蓼蓼者莪，匪莪伊蔚。哀哀父母，生我劳瘁。

瓶之罄（qìng）矣，维罍（léi）之耻。鲜（xiǎn）民之生，不如死之久矣。无父何怙（hù）？无母何恃（shì）？出则衔恤，入则靡至。

父兮生我，母兮鞠我。拊我畜我，长我育我，顾我复我，出入腹我。欲报之德，昊天罔极。

南山烈烈，飘风发发。民莫不谷，我独何害？

南山律律，飘风弗弗。民莫不谷，我独不卒。

（《诗经·小雅·蓼莪》）

这篇《蓼莪》被誉为"千古孝思绝作"（方玉润《诗经原始》卷十一）。晋代王裒（póu）每次读到"哀哀父母，生我劬劳"，都会痛哭流涕，他的学生因此不再讲习《蓼莪》。父子（包括母子）天属，血脉相连，任何人都无法割断，父慈子孝都是出于天性。诚如鲁迅所说，"无情未必真豪杰，怜子如何不丈夫？"父子之间，终究是有恩的。有人把父母对子女的教养看作人道义务（胡适《我的儿子》，载《每周评论》1919年第35期）。但在传统文化中，与其说教养子女是义务，毋宁说是责任。说义务，就有种被动无奈的感觉，或可逃避。说责任，则具有积极主动的意味，不容推卸。

子女幼小之时，生理、心智都极不成熟，因此需要父母的悉心呵护、教养。养是要令其健康茁壮成长。教，则是要启发智慧，使其知书达理，成长为合格的社会成员。

成人——教育的宗旨

人人皆知，父母要把子女抚养成人。然而何谓"成人"？子路曾就这个问题请教过孔子，孔子回答说：

> 若臧武仲之知（通"智"），公绰之不欲，卞庄子之勇，冉求之艺，文之以礼乐，亦可以为成人矣。（《论语·宪问》）

智慧通达、温良廉洁、刚毅坚卓、才艺优赡，无论古今，一个人具备其中任意一项，都足以立身于世。然而，在孔子看来，这些还不够，要在此基础上，"文之以礼乐"，才算得上是成人。为什么礼乐在成人之教中如此重要？《礼记·文王世子》说：

> 乐所以修内也，礼所以修外也。礼乐交错于中，发形于外，是故其成也怿（yì，和乐喜悦之意），恭敬而温文。

乐以修内，是用音乐来调和其性情。礼以修外，是用礼仪来正其容体。内外兼修，最终养成和乐坦易、温文恭敬的君子。这样的人性情中和正大，立身处世通达而有理性，无偏无陂（pō）、不激不随。

胎　教

我国古代对胎教有深刻的认识。关于胎教的道理，被郑重地书写在玉版上面，藏在金匮中，放置于宗庙之内。处胎之时，胎儿对外界信息的接受，要通过母体传递，因此母亲的一举一动都会对胎儿产生影响。古人认为，孕妇的感官所触一定要谨慎，若孕妇所感是美善的事物，则胎儿也会趋于美善。反之，若所感为丑恶的事物，胎儿也会趋于丑恶。

按照礼仪规定，胎教从怀孕七月开始。此前的阶段大概主要是养胎，中医在这方面有系统的说法，这里不多介绍。怀孕七月，孕妇要移居到比较安静的宴室（侧室）。此后的三个月里，孕妇感官所触之物都要谨慎，举动也要敬慎端详：寝卧时不可歪斜，安坐时身体端正，站立时不偏任一足；味道不正的食物不吃，切割不正的食物不吃，座位方位不正不坐；眼睛不看邪色，耳朵不听邪声。晚上，乐师为她唱诵《诗经》，述说正事。这样，所生下的孩子就会形容端正，才能德行超过常人。

历史上，著名的周室三母——大姜、大任、大姒（大，皆通"太"），均被视为圣母。其中大任是王季的妃子，为人端一诚庄。她怀孕时，注重胎教，所以其子（周文王）"生而明圣"，能够"以一识百"（《列女传·母仪传》）。

幼　教

孩子降生之后，到龆龀（tiáo chèn，换牙）之年（据中医理论，龀年，女七岁男八岁），其身体柔脆，心智暗昧，属于童蒙时期。此时期的教育，称之为幼教。

孩子出生后，首先要慎择三母。《礼记·内则》记载国君在孩子出生后，要专设一个房间，选择三位女子分别担任子师、慈母、保母之职。子师，是要教之以善道。慈母，知其嗜欲。保母，则安其居处。子师、慈母、保母，合称三母。三母的遴选有严格标准，具体要求是：宽裕、慈惠、温良、恭敬、慎而寡言。三母与孩子居住在同一房间，照顾其饮食起居，所以关系甚大。现代社会的幼师、月嫂、保姆，其角色实际上相当于古代的三母。

三母之外，国君之子还有"三公"、"三少"来负责其教养。"三公"是太保、太傅、太师。太保，保其身体（生理健康）。太傅，傅其德义（涵养德性）。太师，导之教顺（调和性情）。"三少"是少保、少傅、少师。"三公"、"三少"在太子孩提之时，就要"明孝仁礼义以导习之"（《大戴礼记·保傅》）。

有人认为，一般人家如何能像帝王之家做得那样周备？确实如此，但太子教育考虑之周，却可以给我们以启示，要为孩子择明师、选良友。

俗语说"三岁看小，七岁看老"。梁元帝时，曾有一位学士，聪敏有才。小时候，父亲对他宠爱有加，没有教之以义方。这孩子一句话说得好，父亲就到处宣扬，能说一整年。若有些方面做得不好，父亲就替他遮掩文饰，希望他能自己悔改。做官后，此人性情暴慢，日甚一日，最终因为言语失当，被人抽肠衅（xìn）鼓。

幼年是童蒙养正的关键时期，即古代所谓小学阶段（参《中华日常礼仪基础教程》第一册）。若此阶段没有善加教育，则终身难以弥补。

爱子如一

古人发现鳲（shī）鸠哺养雏鸟时，上午从上往下喂，下午从下往上喂，对待诸子平均如一，就觉得此鸟的德行值得人们效法，赋诗道："鳲鸠在桑，其子七兮。淑人君子，其仪一兮。其仪一兮，心如结兮。"（《诗经·曹风·鳲鸠》）父母对于子女，应当平均如一。

王导辅佐司马睿建立东晋，人称"江左管夷吾"。这样一位大政治家对诸子却有所偏倚。其长子王悦为人谨慎，事亲能尽色养。次子王恬（tián），少时好武，不拘礼法，不为时人所重。所以，王导见到王悦就喜笑颜开，见到王恬便面带怒色。

春秋时代，郑武公的夫人武姜，厌恶长子寤生（郑庄公），偏爱幼子共叔段。武公在世时，武姜就一再进言，希望武公废掉寤生，立叔段为太子。寤生即位后，武姜居然与叔段谋划里应外合，夺取君位。最终落得个手足相残、母子成仇的局面。

爱子如一

易子而教

孔鲤是孔子之子，陈亢（kàng）觉得他从孔子那里所听闻的应该与众人有所不同，就来询问。孔鲤述说了自己闻诗、闻礼的经历。

（孔子）尝独立，鲤趋而过庭。曰："学诗乎？"对曰："未也。""不学诗，无以言。"鲤退而学诗。他日，又独立，鲤趋而过庭。曰：

"学礼乎？"对曰："未也。""不学礼，无以立。"鲤退而学礼。（《论语·季氏》）

父子之间的对话如此简淡。我们不能不有所疑惑：诗、礼是孔子设教的重要内容。儿子有没有学诗、学礼，自己居然不知情，还要来问一问。若放在今天，孔子恐怕难以称得上是合格的父亲吧。然陈亢听了这些却非常高兴，说："问一得三，闻诗，闻礼，又闻君子之远其子也。"闻诗、闻礼并不是重点，毕竟是平素已经从老师那里听惯了的。唯有"闻君子之远其子"，才是关键。这句话应该从教育方面来理解。

公孙丑曾经向孟子请教"君子不教子"的问题（《孟子·离娄上》）。孟子分析道：那是因为情势行不通。教育必须用正理正道，用正理正道而无效，跟着就以忿怒相临。一旦忿怒，就会伤害到亲情。而且儿子会这样问，你拿正理正道教导我，自己却不按正理正道行事。这样就是父子相互伤害了。所以古来就有易子而教的做法，以保证父子间不因责善而伤了亲情。

今天，我们基本上都是将孩子送进学校接受教育，相当于古代的"出就外傅"（《礼记·内则》），某种程度上暗合了"君子不教子"的古训。但家庭教育是任何时候都不能放松的。

汉代的石奋，为人恭谨，治家极严。汉景帝时，石奋被任命为诸侯相，他四个儿子都官至二千石（dàn，十斗为一石），景帝遂称他为"万石君"。万石君退休后，子孙来拜谒，他就穿上朝服（上朝时穿的礼服）接见他们，不称他们的名。子孙若犯了错，他也不责让，自己坐到一旁，对案不食。直到子孙认错，他才肯吃饭。有一次，他的次子石庆喝醉了，进入外门（相当于小区的大门）没有下车。他听说后，就不肯吃饭。石庆非常惶恐，赶忙认错。他仍然不原谅儿子，一言不发。后经族人劝解，大儿子也跟着认错，他才生气地说："你作为内史是贵人，进入闾（lǘ）里，里中的长老

见了你都远远避开，你不下车是理所应当的啊?"石庆跟其他子弟来到外门，一路小跑回家以示自罚，此事才算作罢（《史记·万石张叔列传》）。正是由于万石君家教极严，才养成石氏孝谨的门风。石庆后来做到了丞相，而石氏子孙官至二千石的多达十三人。这自然是万石君家教的成果。

思考讨论

如何理解古人的"易子而教"?

链接

诫子吟

宋·邵 雍

鸡能警旦，马能代行，犬能守御，牛能力耕。人禀天地，万物之灵，妒贤嫉能，不如不生。有过不能改，知贤不能亲，虽生人世上，不得谓之人。

（邵雍《击壤集》卷十八）

闲居杂咏·父子

宋·陈 淳

父子本天性，人伦此其大。一言在有亲，不可薄厥爱。

（陈淳《北溪大全集》卷一）

第八课　父子（中）

弃老与养老

佛家有"弃老国"的传说，"彼国土中有老人者，皆远驱弃"（《杂宝藏经》卷第一《弃老国缘》）。有一位大臣，不忍抛弃老父，就建造一个密室，将老父安置其中，随时孝养。后来，天神设置种种难题考验国王。大臣在老父的指点下，帮助国王一一解开难题。国王询问大臣，是其自身智慧，还是有人教授。大臣禀明实情，并趁机建议国王命国民孝养老人，不准弃老。而我们中国自古就有"养老乞言"（《礼记·文王世子》）的传统，天子要亲自行养老之礼。

弃老与养老

事亲五致

根据《孝经》，一个人做到了"五致"才能算得上真正的孝。何谓五致?《孝经》说:

> 孝子之事亲也，居则致其敬，养则致其乐，病则致其忧，丧则致其哀，祭则致其严。五者备矣，然后能事亲。

"致"，是"尽"的意思。"五致"，也就是五方面都做得到位。"五致"中，前二者可以视为日常事亲之道，后三者则是生活中遭遇的变故。在此，我们先来介绍前二者。

居则致其敬

平常居家，子女应当对父母恭敬，而且要把恭敬落实到生活的细节中去。子游向孔子请教孝道。孔子说:"今之孝者，是谓能养。至于犬马，皆能有养。不敬，何以别乎?"(《论语·为政》)如果奉养父母，只是满足其物质需求，而没有敬意，就与饲养犬马没有区别了。

《礼记·曲礼上》说:"凡为人子之礼，冬温而夏清（qìng，凉），昏定而晨省。"冬温夏清，是随着季节的变换而给予父母悉心的照顾。昏定晨省，是一晚一早侍奉父母的礼仪。

与父母同居时，为人子女者，不可处于尊位:居不主奥（奥，室内的西南角，是尊位），坐不中席，行不中道，立不中门（《礼记·曲礼上》）。子女要随时抱持着服侍父母的状态，"听于无声，视于无形"，就像父母将有所教使一样。

父母的衣物，不可随意移动。父母的食器，不得随意使用。父母的食物，如果不是吃剩下的，不可以取食。在父母跟前，不可以做一些有违容礼（参考《中华日常礼仪基础教程》第一册）规定的动作。

子女对父母的命令，不可违逆、懈怠。对父母的教命，要立即付诸实施。父母赐予饮食，遇到自己不喜欢的，也要品尝一下，不可直接收起来，要等父母命令收藏时，再收起来。父母赐予衣服，遇到自己不喜欢的，也要试穿一下，不宜直接收起来，要等父母命令收藏时，再收起来（参《礼记·内则》）。

"为人子者，出必告，反必面，所游必有常，所习必有业"（《礼记·曲礼上》）。子女出门时，必须禀告父母；从外面回到家中，也必须拜见父母。"出告"是为了免得父母因不知我们的去向而担忧。"反面"除了不让父母忧心外，还有一层意思，就是为人子女者心中同样挂念着父母，离开父母一段时间后，急于知道父母是否一切安妥，所以回到家中的第一件事就是拜见父母。出外游学、工作必有固定的方所，从事正当的事业，如有变动要及时禀告父母。

为人子女者，与人交往，要常怀谦逊退让之心，不可以争强好胜，以免身体受到伤害。身体是父母给予我们的最宝贵的东西。我们要珍视、呵护，不可与人争斗，以免受到毁伤。

为人子女社会地位再高，在父母乃至父母的朋友面前也不可倨傲。后周时，王溥（pǔ）身居相位。其父亲王祚（zuò）有宾客到访，王溥常常穿着朝服侍立一旁。宾客看到这副情形，有些坐不安席。王祚说："犹（tún，通'豚'，豕子）犬不足为之起也。"（司马光《家范》卷四）

养则致其乐

为人子女要把供养父母之道考虑周全。古人总结出五方面的供养：养体、养目、养耳、养口、养志（《吕氏春秋·孝行览》）。为保证父母身体

康健，给他们提供舒适的住宅、制订有利于保健的食谱，此为养体。为保证父母心情愉悦，给他们提供色彩鲜艳的物品、美妙的音乐，满足其视觉、听觉等需求，此为养目、养耳。探究厨艺，为父母烹制可口的饭菜，此为养口。在父母面前，和颜悦色，进退恭敬，此为养志。"五养"已经把人的不同层次的需求都涵括在内了。这样的供养，当然可以称为善养。

子路曾经感慨地说，贫穷太可悲了！父母在世时，无法好好奉养；父母去世了，也无法以礼下葬。孔子不认同子路的说法，他教育子路说：虽然物质上的供养比较粗劣，但是只要能"尽其欢"（博得父母的欢心），就是孝了。所以，曾国藩说，事亲以得欢心为本。

唐代李皋（gāo）为人正直，被同僚诬陷。为免母亲悲戚，李皋出门时才穿上囚服去申辩，入门就换上朝服，在母亲面前，一片和乐坦易。他被贬为潮州刺史，却向母亲报喜说自己升了官。等到冤屈得到申雪，他才向母亲谢罪，禀报实情（韩愈《曹成王碑》）。

爱而敬

有人向曾子请教事父之道。曾子回答说："爱而敬。"（《大戴礼记·曾子事父母》）爱使人相亲近，敬则令人拉开距离。父子之间的爱出于天性，子女绕膝时就已经非常浓烈了。随着年龄的增长，子女渐知义方，对父母的尊敬之心才日益增强。由于父子主恩，所以"爱"是处理父子之间关系的第一位原则。

由此，子女对父母的敬意，与对社会上其他人的敬意就大有不同。这种敬，糅合爱（至亲）在其中，可以说是至敬（最高等的敬意），再繁复的仪式都不足以表达它，干脆就用简淡的方式来处理（《礼记·礼器》）。于是，子女事奉父母，不需要折旋揖让之容，在父母面前，表情不宜太过矜庄，应该婉顺愉悦。

广　孝

　　孝敬父母，要做到以父母的心为心。父母尊敬的人，我们也要尊敬；父母爱戴的人，我们也要爱戴。即便父母去世了，我们还是要保持那种尊敬与爱戴。

　　孝道广大，并不限于事奉父母。曾子说，个人闲居不矜持庄重，事奉国君不能忠心谋事，做官贪污渎职，交友言而无信，当兵临阵脱逃，这些都属于不孝（《礼记·祭义》）。因为这些行为会让父母的名誉受损，甚至可能会给他们带来灾祸。为人子女者，立身行事，应当小心谨慎，争取显亲扬名，而不是给父母带来羞辱。

思考讨论

　　观察你周围人"事亲"的言行，从哪些细节可见其"敬"或"不敬"？将你观察到的情形与同伴分享。

闲居杂咏·孝

宋·陈 淳

孝以事其亲，斯须不离身。始终惟爱敬，二者在书绅。

（陈淳《北溪大全集》卷一）

五伦箴·父子

明·陈献章

子孝父心宽，斯言诚为确。不患父不慈，子贤亲自乐。
父母天地心，大小无厚薄。大舜日夔（kuí）夔，瞽叟亦允若。

（《解人颐·懿行集》）

第九课　父子（下）

东汉薛包好学笃行，母亲早亡，事奉父亲极尽孝道，闻名乡里。父亲再娶之后，开始憎恶薛包，把他赶出家门。薛包日夜哭泣，不忍离去，父亲就殴打他。最后，实在不得已，他只好在自家附近搭一个草棚居住。每天早晨，薛包都会把家里打扫得干干净净。父亲见他如此，不禁怒火中烧，便赶他走，不允许他在附近居住。薛包只好在别处搭起草棚，每天早晨仍到家中打扫卫生。这样过了一年多，薛包的行为终于感动

东汉薛包

了父母，父母就让他回家居住了（《后汉书》卷三十九）。《弟子规》说："亲爱我，孝何难？亲憎我，孝方贤。"薛包真正做到了这一点。生活中难免发生各种变故，这时我们该怎样事奉父母呢？

有过则谏

鲁哀公曾问孔子："儿子遵从父亲的教命，是孝吗？臣子遵从君主的教命，是贞（忠）吗？"问了三次，孔子都没有答话。孔子退出后，就将此事告诉了子贡，问他如何看待此问题。子贡不假思索地说，子从父命就是孝，臣从君命就是贞，夫子又有什么好回答的呢。结果，孔子给子贡当头一喝，"真是小人啊！端木赐，你没什么见识啊"（《荀子·子道篇》）。为什么呢？人非圣贤，孰能无过？君、父是有可能犯错的呀，他们的命令有可能不合理，甚至会酿成国破家亡的巨祸。如此，臣与子怎能简单地奉行一个"从"字了事？在那样的时候，正确的选择是做诤臣、诤子，不可以长君父之过，逢君父之恶。

子女劝谏父母，要委婉，声量放低，脸色和怡，声音柔美。如果父母没有听进谏言，子女不可心生不敬，应该更加敬爱父母。等到父母心情舒畅时，子女应当再次进谏。三谏而不听，子女则要"号泣而随之"（《礼记·曲礼下》），希望以此来感动父母。

病则致其忧

若父母罹患疾病，为人子女者应当尽量带父母到条件好的医院诊治。古礼规定，"医不三世，不服其药"（《礼记·曲礼下》）。这是为人子女者出于孝心而做出的慎重选择。《弟子规》说："亲有疾，药先尝。"服侍父母吃药时，要先尝药。古人服草药，"药先尝"基本没有问题。

父母生病，为人子女者忧心父母的身体，日常生活中的很多事情自然会做出调整。因为全部心思放在生病的父母身上，所以为人子女者无心梳妆打扮；行走时，步法也不讲究了；言语时，不再开玩笑，不会说戏谑之言；无心弹琴，不再欣赏音乐；吃饭饮酒，也不会太在意其味道；

笑也只是嘴角勉强动一动，不会开怀大笑，露出牙根；生气也不会陷入忿怒的情绪而骂人。等到父母身体康复，一切才又恢复常态（《礼记·曲礼上》）。

周文王做世子的时候，每天朝见父亲王季三次。公鸡刚打鸣，他就洗漱穿戴好，来到父亲的寝室外，问侍者："今日安否？"侍者回答说："安。"文王就会面露喜色。中午、傍晚也都一样。如果侍者回答说："不安。"文王就会面有忧色，"行不能正履"。父亲康复后，他才恢复常态。侍者进献食物，文王一定要察看寒温是否合适。侍者撤下食物，文王又会询问父亲的进食情况，并叮嘱说，不要将剩下的食物再进献。侍者答应，他才退下。武王也遵循这样的做法，来侍奉文王。文王生病时，武王常侍在侧，"不说（通"脱"）冠带而养"。文王一饭，武王亦一饭；文王再饭，武王亦再饭。武王以此来切身体验父亲的气力状况，了解施针用药的度量（《礼记·文王世子》）。

丧则致其哀

古礼规定，父母去世，要服丧三年。遭遇父母之丧，称为"丁忧"。为人子者，一旦听闻父母去世的消息，就会痛哭流涕，不会择地择时举哀，而且要在家守孝三年。守丧期间，如果参与一些游戏活动，如赌博、弹棋、象博等，会被判处有期徒刑一年。遇到人家奏乐而听以及遇到礼宴而参与其中的，会被杖打一百（《唐律疏议》卷第十）。

除了竭诚办理父母丧事，不留遗憾外，居丧期间，为人子女者在饮食、居处、服饰等方面都要有所变化，不可同于常日。

祭则致其严

我们中国人丧礼的主题是"送形而往，迎精而反"（《礼记·问丧》）。形，指肉体。精，指灵魂。丧礼是要把先人的肉体埋葬起来，使之重归于尘土。下葬之后，就要把先人的灵魂迎接到家中，供奉在宗庙里（《孝经》）。所以，父母虽已去世，子女事亲却并没有结束。每当季节发生转换，为人子女者都会思及先人，因此就有了岁时祭祀。我们出门远行之前，要禀报先人；远行归来，要谒（yè）见先人。家中发生的大大小小的事务，也是先人所想知道的，因此也一一向先人汇报。《中庸》说："事死如事生，事亡如事存。"这是我们侍奉先人的总原则。

古人祭祀之前，要斋戒沐浴。沐浴是要让身体洁净，斋戒是要让精神纯一。

一提起祭祀，我们头脑中马上浮现出庄严肃穆的形象来。其实，这与礼是相悖的。祭祀当天，祭祀者的情感状态不是庄严肃穆，而是"乐与哀半"（《礼记·祭义》）。乐的是，我们再次供养先人，先人享用了我们的祭品。所以，进献祭品的时候，我们的表情一定要温顺，充满喜悦，不可以矜庄。哀的是，先人享用完毕，又要离开。"祭则致其严"主要是指，祭祀之前，准备礼服、修缮宗庙、备办祭品以及斋戒时，要以斋庄恭敬之心行事。

思考讨论

怎样理解"祭则致其严"？

链接

凯风

　　凯风，美孝子也。卫之淫风流行，虽有七子之母，犹不能安其室，故美七子能尽其孝道，以慰其母心，而成其志尔。

　　凯风自南，吹彼棘心。棘心夭夭，母氏劬（qú）劳。

　　凯风自南，吹彼棘薪。母氏圣善，我无令人。

　　爰（yuán）有寒泉，在浚之下。有子七人，母氏劳苦。

　　睍睆（xiàn huǎn）黄鸟，载好其音。有子七人，莫慰母心。

（《诗经·邶风》）

第十课　兄弟

　　尽管人们常说，世间最难得者兄弟，然而历史上，兄弟之间曾演绎出极为复杂的"悲喜剧"。春秋时代，卫宣公夫人宣姜生了两个儿子公子寿与公子朔（shuò）。公子朔与母亲诬陷太子公子急，想要取而代之。宣公为他们所蛊惑，就命公子急出使齐国，并派杀手在莘地埋伏，准备截杀公子急。公子寿为人正直，知道了他们的密谋，就告诉了兄长公子急，建议他流亡。公子急不愿背弃父亲的命令，没有接受他的建议。出发前，公子寿为兄长饯行，把他灌醉，然后偷走公子急的旌旗，代替他出发了。就这样，公子寿为贼人所杀。等到公子急醒了酒，急忙追赶，来到莘地，看到那副情形，非常悲伤，对贼人说："你们要杀的人是我，公子寿有什么罪？你们把我也杀了吧。"贼人就把公子急也杀掉了。

　　同样是兄弟，公子寿与公子急相爱，乃至不惜争相为死，而公子朔却毫不念及兄弟之情，痛下杀手。公子朔利欲熏心，悍然置兄弟亲情于不顾，为人们所不齿。人们同情公子寿、公子急，作了《二子乘舟》一诗来纪念他们。

同气连枝

　　《尔雅·释亲》说："男子先生为兄，后生为弟。谓女子先生为姊，后生为妹。"传统社会又称姊（姐）为女兄，妹为女弟。所以兄弟一伦，其实可以涵括姊妹关系在内。

同气连枝

先贤把我们的生命体（或身体）比作一棵大树，祖先的生命体是根，父母的生命体是干，而子女的生命体则是从树干分蘖（niè）出的枝杈。不同的枝杈之间，从本质上讲，其生命是贯通的、相连的，所以称之为同气连枝。

兄弟一体，幼小时，父母左提右携，兄牵父母衣襟，弟扯父母衣裾，一同环绕父母膝下。吃饭则共用一个餐桌，穿衣则兄传于弟。学习则同用一套书册，出游则到同一区域。如此亲密的相处，即便是没有血缘关系的人，也会生出深厚的情谊，更何况亲兄弟呢？

兄友弟恭

《弟子规》说："兄道友，弟道恭。"这是对兄弟相处之道的简要概括。兄友弟恭，合乎人伦秩序。

《白虎通》说："兄者，况也，况父法也。"俗话说"长兄如父"，因为长兄对幼弟负有教养之责，此即"况（比方之意）父法"。

单居离（曾子的弟子）曾经向曾子请教"使弟"之道。曾子回答说，

兄长应该及时为幼弟举行成人礼，然后为其择娶佳偶，并让幼弟及时完婚。这不正是"况父法"吗？幼弟的行为如果合乎道义，就以弟道来任使他。如果其行为不合乎道义，兄长要姑且以事兄之礼来对待他（《大戴礼记·曾子事父母》）。这是屈尊就卑的表现。如果兄长如此屈尊来对待幼弟，幼弟尚不知悔悟的话，兄长则要舍去屈尊的态度。

《白虎通》又说："弟者，悌也，心顺行笃也。"对应"长兄如父"，我们似乎可以说"幼弟如子"。

曾子论弟事兄之道，说，幼弟恭敬地事奉兄长，要把他当做自己的榜样；谨慎地听从他的教命，不容轻忽。兄长的行为合乎道义，就恭恭敬敬地事奉他。如果兄长的行为不合乎道义，仍要供养他。这种供养既要有发自内心的恭敬与爱戴（养之内），又要有外在的充分表示，如表情、声音等要和悦（养之外。《大戴礼记·曾子事父母》）。

友于兄弟

晋代王祥的继母朱氏不够慈爱，常在王祥父亲面前说他的坏话，致使王祥失爱于父。朱氏经常虐待王祥，但王祥却越来越恭敬谨慎。朱氏生子王览，对兄长充满友爱。王览年刚数岁，看到母亲抽打王祥，他就哭泣着抱持兄长，以此来保护他。成童（15岁）后，王览经常劝谏母亲不要虐待王祥。这样，朱氏也就有所收敛。朱氏虽然有所收敛，但还是经常让王祥做些难以做到的事情。这时王览总是跟王祥一同去做。朱氏让王祥的妻子做一些难以做到的事情时，王览的妻子也总是与嫂嫂一同去做。朱氏一看如此，也就不再虐待王祥夫妇了。父亲去世后，王祥的名声越来越大。朱氏心生嫉妒，就赐给王祥一杯毒酒。王览得知后，直接取起酒杯要喝。王祥见弟弟如此，怀疑酒中有毒，就上前去争夺。朱氏看到这种情况，就从王览手中夺下了酒杯。从此之后，只要是朱氏赐给王祥酒食，王览就要先品尝一番，深怕母亲毒死兄长（《晋书·王祥传》）。

幼少时，童子天真无邪，兄弟情谊笃厚并不是很难，难在王览作为王祥的异母兄弟能有如此笃厚的情谊。一般人成家立业后，各顾其妻子，兄弟之情难免就有所衰薄。但王览对兄长的感情却依然那样笃厚，令人感佩。

财物轻，怨何生？

一般人家，往往会因为财物问题，闹得兄弟不和。针对此问题，《弟子规》提出："财物轻，怨何生？"

南朝梁吴均《续齐谐记》载：京兆田真兄弟三人分家，别的财产都已分妥，只剩下堂前一株紫荆树。兄弟三人商量，为公平起见，将荆树破为三片。次日，派人去砍树，发现树已枯死，像被火烧过一样。田真闻讯来到现场，十分惊愕，对两个弟弟说："树本同根，听说将要被破为三片，所以枯焦。我们兄弟比不上这棵树啊。"言下大恸，就不再分树。那树听到田真的话后，立刻枝叶茂盛。田真兄弟大受感动，遂和睦如初。

兄弟之子犹子

兄弟之子，就犹如自己的儿子，所以后人就把兄弟之子称为"犹子"。

公冶长、南容都是孔子的弟子，都非常优秀。但公冶长不幸，蹲过监狱。南容家世好，而且善于明哲保身。孔子把女儿嫁给公冶长，把兄长的女儿嫁给南容。这样一种处理方式，与世俗之人的做法大不相同。偏爱自己的子女，这是人之常情。第五伦（字伯鱼，东汉时期大臣）就曾说：

"我的侄子生病，我一晚上探看十来回，然后还能安稳地入睡。我的儿子生病，即便我不去探看，也会整夜心神不安，难以成眠。"（《后汉书·第五伦传》）然而孔子对侄女视如己出，并没有偏爱自己的女儿。

晋代邓攸（yōu，字伯道），弟弟去世早，只留下一子，名叫遗民。时值社会动荡，胡人入侵，邓攸夫妇带着儿子与侄子逃难，食物已尽，贼人追得又紧。邓攸对妻子说："我弟弟只有一子。如果我们带着两个孩子逃亡，一家人必死无疑。不如把咱们的孩子放下，只带着遗民逃亡。"妻子哪里舍得，顿时泪下如雨。邓攸安慰她说："我们正当壮年，日后还会有孩子。"妻子不得已，也就同意了。邓攸夫妇带着侄子逃过了兵难，却没有再生出儿子。时人为邓攸弃儿保侄的高谊感动，替他感到悲痛，说："天道无知，使邓伯道无儿。"（《晋书·邓攸传》）

思考讨论

曾国藩说："兄弟和，虽穷氓小户必兴；兄弟不和，虽世家宦族必败。"（《曾国藩家书》）两句话之中都用了相当肯定的"必"字。该怎么理解这句话？

链接

闲居杂咏·兄弟

宋·陈 淳

兄长而弟幼，天属之羽翼。一言在有序，不可事私阋（xì）。

（陈淳《北溪大全集》卷一）

五伦箴·兄弟

明·陈献章

兄必敬其弟，弟必恭其兄。勿以纤毫利，便伤骨肉情。
周公赋棠棣，田氏哭紫荆。连枝本同气，谗言切勿听。

（《解人颐·懿行集》）

第十一课　上下

上下，即上级、下级。君臣是上下关系中的一种。现代社会，君臣关系已经不复存在。但是礼中对上下之间职分的规定远不如对君臣之间职分的规定系统，而且人们对传统君臣关系也存在一些误解，因此，为行文方便起见，同时也为了纠正人们的误解，我们叙述上下关系仍以君臣之伦为参照。

上下义合

不论是上下，还是君臣，都属于"义合"。既然是"义合"，双方的关系就不是天然的，而是出于道义，经过一定的礼仪程序才确定的。如果双方道不同，则可以解除彼此的关系。古代的君臣关系是怎样缔结的？又通过怎样的方式来解除呢？

晋怀公即位后，担心流亡在外的重耳威胁到自己的君位，就下令：不准追随逃亡在外的重耳，凡追随者在约定期限内返国，赦免所有罪行，逾期不赦。

狐突的儿子狐毛和狐偃（yǎn）都跟随重耳，狐突没有召他们回国。晋怀公抓住狐突，说："你儿子回国，就免你一死。"狐突回答说："当儿子能够做官，父亲就教他做个忠臣。这是古来的制度。策名委质之后，如果有二心就是罪过。我的儿子，名字在重耳那里已经有年头了，如果又召他们回来，这是教他们二心。不滥用刑罚，是君主的贤明，也是下

上下义合

臣的愿望。滥用刑罚以图快意，谁能没有罪？"晋怀公于是杀了狐突（《左传》僖公二十三年）。

狐突所说的"策名委质"，就是缔结君臣关系的礼仪。策名，是指两人若缔结君臣关系，君就把臣的名字写在竹简上，从此编在臣籍。委质，是指臣要送给君礼物来表达自己的忠诚。"质"通"贽"，是礼物的意思。礼物为什么称"贽"呢？因为新任命的士人送给国君的礼物是雉（野鸡）。古人发现雉生性刚烈，没有办法用食物诱惑，也无法以武力震慑（shè，恐惧），被捉住后没法养活（《白虎通·瑞贽》），认为士人应该像它一样性情耿介，不受威胁利诱，守节死义，坚贞不渝。"策名委质"之后，君臣关系得以正式确立。

虽然臣子是向国君委质，但国君只是代表国家（古代谓之为社稷之主。国君不等于国家），所以君臣关系并不是人身依附关系，故君臣可以义离。君子出仕，本为行道，不可以尸位素餐（空占职位，不尽职守）。所以，如果国君有过，臣子反复进谏（进谏三次），而国君不予采纳的话，臣子就可以离去。臣子离去，君臣的关系宣告解除，君也就变成了旧君。

现代社会的上下关系，主要是通过订立契约（劳动合同）形成的。这

种契约不是上下级之间直接签订，而是上级、下级分别与组织（如政府机关、公司、学校等）签订。这样，上下之间就完全不存在人身依附关系，他们都是组织的员工，只是职务不同。不管怎样，订立契约相当于策名委质，算是上下之间义合的礼仪。由于一开始是与组织订约，所以现代社会上下关系的解除（义离），也要通过与组织解约来达到。

上使下以礼

孔子说，"君使臣以礼"（《论语·八佾》）。传统礼仪，并不是像很多人理解的那样，片面强调臣对君单方面的义务。君任使臣时，必须以礼行事。这是君对臣的义务。现代社会上级任使下级，也应当如此。

《中庸》提到治国九经（九种常法），其中有"敬大臣"。大臣，在先秦时代指大夫，在后代可以指品级比较高的臣子。对于大臣，国君要表示充分的礼敬。比如三公（太师、太傅、太保）不担任具体职务，他们负责"坐而论道"，坐着与国君讨论治国之道。一直到北宋初年，宰相与皇帝议论大事，都要"命坐面议"。但范质（曾任五代后周时期宰相）等因为是前朝旧臣，有所顾忌，担心面议有失，所以每到议事就先写好札子，进呈给皇帝。久而久之，宰相的奏札越来越多，坐论之礼就被废除了。后来有人提出恢复此礼，但没有实现。

敬大臣还表现在对大臣的信任上，使大臣"官盛任使"。"官盛任使"，是指官属众盛，足以供大臣使令。这是避免大臣陷入琐事，保证他有足够的精力处理国家大事。所以大臣的官属，由他们自己聘任，国君一般是不予过问的。

《中庸》治国九经，其中还有"体群臣"。群臣，是相对于大臣来讲的，那就是士或品级相对低的官员。对于这些臣子，国君要做到"忠信厚禄"，设身处地替他们着想，体恤他们，"待之诚而养之厚"（朱熹《中庸章句》），让他们的俸禄足以奉养父母。

臣子离去，国君也应该以礼相待。孟子把这方面的礼数归结为三个方面：一、使人导之出疆。二、先于其所往。三、去三年不反，然后收其田宅（《孟子·离娄下》）。"使人导之出疆"，是要护送他离境。"先于其所往"，是要派人先到臣子所要去的国家，对国君宣说他的贤良。如果国君不这样做，臣子在彼国一直得不到重用的话，人们也会怀疑是旧君从中作梗。为了表示不闭塞贤者的道路，旧君一定要派人言其善，万不可言其恶。三年后收其田宅，是希望臣子三年内能回国。

现代社会上下之间，上级任使下级也要以礼行事：对于职务相对较高的下级，要给予充分尊重；对于职务相对较低的下级，要给予足够的关怀。如果下级犯了错，上级要合理、合情地予以指出。如果下级触犯了法律，上级不可以包庇，要秉公处理。下级离职时，上级应该抱持宽厚之心，客气相待。

下事上以忠

孔子说，"臣事君以忠"（《论语·八佾》），臣子不是对国君个人尽忠，而是对国家社稷尽忠。鲁襄公二十五年，崔杼（zhù）杀死齐庄公。晏婴闻讯，来到崔氏门外。有人问晏婴："死（指殉君）吗？"晏婴予以否定。又问："逃吗？"晏婴仍予以否定。又问："回去吗？"晏婴说："国君死了，回哪去？"然后他阐发了一番君臣间的大义。为民立君，并不是让他凌驾于百姓之上，作威作福，而是要他主持国事，为民谋福。为人臣子，不是为了俸禄，而是为了守护社稷。因此，"君为社稷死，则死之；为社稷亡，则亡之"。国君为国家而死，那么臣子可以为他殉死；国君为国家而逃亡，那么臣子可以随他逃亡。"若为己死而为己亡，非其私暱（nì，通"昵"），谁敢任之？"（《左传》襄公二十五年）如果国君是为自己而死、为自己而逃亡，

只有被他宠幸的人才追随他，大臣是不可以这样做的。

难进易退

一个人未做官，只是"处士"（泛指未做过官的士人），可以高尚其志，逍遥自在。一旦"策名委质"，名分已定，就要背负起沉甸甸的责任。事关重大，故不可以草率。"处士"对于出仕与否，会考虑再三，慎之又慎。考虑清楚后，还要卜筮吉凶，才做出最后的决定（所以初出做官称为筮仕）。如果草率出仕，就会被指责为躁进（或冒进）。

古人将"辞官"称为"致仕"。"辞官"有两种情况：一是到了退休年龄；二是君臣道义不合。古代男子七十致仕，一般快到七十岁时就要主动向国君辞去官职。如果不主动辞官，就会被指责为恋栈（贪恋权位）。国君再三挽留，才可以继续任职。君臣道义不合，应该离去，前面已经交待过。

出仕是进，致仕是退。进退之中蕴含着一个人的操守。礼有"难进易退"之说。何谓难进易退呢？古礼规定，宾主交接时，每遇到转弯处，主人必定要先向宾作揖，请宾先行。宾则答礼，请主人先行。按照当时建筑格局，要经过三揖三让，才能来到礼堂上。行礼结束后，宾告辞时，并不需要作揖，直接就退去了。后来，孔子赋予这种礼仪以道德的内涵，认为士人事君也应该遵循"难进易退"的原则（《礼记·表记》）。

诸葛亮必待刘备三顾茅庐，乃出而相助。这是"难进"之意。孔子在卫，卫灵公与孔子谈话时，见飞雁，仰视之，色不在孔子，孔子遂告辞而去。这就是"易退"。

在现代职场中，我们也应当自重自爱，抱着"难进易退"之心来行事。

恪尽其职

既为人臣下，当恪尽其职。礼规定："在官言官，在府言府，在库言库，在朝言朝。"（《礼记·曲礼下》）官、府、库、朝，都是办公场所。臣下在相应的办公场所，就讨论所应处理的事务。这是最低的要求。对于臣子来说，恪尽其职要从四个方面着手：上朝议事或处理公务时，臣子要尽心竭力（"进思尽忠"）；退朝后，臣子要时常思考所负责的事情，如有疏漏，则及时补救（"退思补过"）；国君有嘉言善行，臣子要大力辅助宣扬（"将顺其美"）；国君有恶言丑行，臣子应该努力谏止（"匡救其恶"）。

"进思尽忠，退思补过"，是臣下对自身言行的检摄。"将顺其美，匡救其恶"（《孝经》），则是臣下对君上言行的辅正。无论古今，只有从这四方面着手，各个方面都做到位，才算得上是真正的恪尽其职。

忌"以公谋私"

子游担任武城的长官。孔子问他，你在武城有没有得到有德行的人。子游回答说，有一位澹（tán）台灭明，行必遵大道，不由小路，而且如果不是公事，他未尝登门来见我（"非公事，未尝至于偃之室。"《论语·雍也》）。

南北朝时代的萧惠基，与王俭同在尚书省任职，王俭是尚书令（尚书省的长官，相当于宰相）。如果没有公事，萧惠基不会私下拜见王俭（《南齐书·萧惠基传》）。如果不是公务，私下拜见长官，则有谋求私利的嫌疑。澹台灭明、萧惠基的做法，均是为了避嫌。

礼明文规定："公事不私议。"（《礼记·曲礼下》）南朝徐勉曾任吏部尚书，负责选拔官员。一天晚上，徐勉与门人聚会，其中一位客人虞暠（hào）居然向他求官。徐勉严肃地回答说："今夕止可谈风月，不宜及公事。"（《梁书·徐勉传》）当时的人因此敬服他那无私的品质。西汉孔光更胜徐勉一筹，连在休息日，跟兄弟妻子闲谈，孔光都不涉及公事。有人询问皇宫中种的是什么树，他也默不作答（《汉书·孔光传》）。孔光把"公事不私议"做到了极致。

思考讨论

怎样才能做到"恪尽其职"？

链接

闲居杂咏·君臣

宋·陈 淳

君臣本大分，天尊而地卑。一言在有义，不可以为利。

（陈淳《北溪大全集》卷一）

五伦箴·君臣

明·陈献章

为君学尧舜，为臣效伊周。君过臣必谏，臣谏君必从。日必亲临朝，共臣摄国政。当绝谀（yú）佞（nìng）臣，切直忠言听。

（《解人颐·懿行集》）

第十二课　师生

　　春秋时代，卫献公暴虐，为孙文子所逐。卫献公只得向齐国逃亡，孙氏派人一路追赶。孙氏所派之人中有两位射手：庾公差与他的学生尹公佗。而为卫献公驾车的则是庾公差的老师公孙丁。庾公差说："如果射，是背弃老师；不射，将会被诛戮。射还是合于礼的吧！"射中两辐（qú，辋下曲木），然后返车回去。尹公佗说："他是您的老师，我和他的关系就疏远了。"于是，又回车去追赶。公孙丁把缰绳递给卫献公，然后向尹公佗射去，一箭射穿了他的臂膀（《左传》襄公十四年）。

　　庾公差的处境进退两难，射有悖于师生之恩（与公孙丁之间），不射又违背君臣之义（与孙氏之间），在公义与私恩发生矛盾时，不得已采取一种两全的方法，射了两箭却故意都不射中，可谓煞费苦心。

在三之义

　　传统社会，一般在家中中堂都会供奉"天地君亲师"的牌位。"天地"是生化万物的根本，"君"是社会治乱的根本，"亲"是宗族血脉的根本。这些理当供奉。"师"以传道、授业、解惑为本职，是社会教化的根本，所以得以与君、亲并列为"三"。在古人的认识里，父亲赋予我们以生命；老师培育我们的慧命；君主给予我们俸禄，使我们可以仰事俯畜，尽到为人子、为人父的责任。因此，古人将我们与君、父（亲）、师之间的关系合称为"在三之义"。

师生义合

　　师生关系属于"义合"，要经过一定的礼仪程序来确定。先秦时代，师生关系的缔结，与君臣之伦类似，也需要"策名委质"。

　　子路为人性情粗鄙，喜欢逞勇斗力，曾经陵暴（líng bào，指轻侮）孔子。孔子用礼乐慢慢诱导他。子路终于心悦诚服，就"儒服委质，因门人请为弟子"（穿着儒服，带着拜师的礼物，通过孔子学生的引荐，请求拜孔子为师。《史记·仲尼弟子列传》）。可见，那时拜师，需要先找一位介绍人传达拜师之意。之所以要经过介绍人，是为对方不愿收纳，预留余地，保全彼此的颜面。对方表示愿意收为弟子后，弟子则要"委质"（参《上下》一课）。

　　孔子说："自行束脩以上，吾未尝无诲焉。"（《论语·述而》）束脩（十条干肉）是非常微薄的礼物。孔子意谓只要其人能奉礼来学，我都加以教诲。由于"委质"到后代逐渐消失，"行束脩"就成为拜师的礼仪。老师既收纳某人为弟子，则需要将其姓名著录在弟子名籍内（即策名）。《史记》没有记载孔子有策名之事，其实是有的。

　　公孙龙是名家学派的

师生义合

代表人物，曾提出著名的"白马非马"论。大概他的名气太大，弟子过滥，他想提高收徒的标准，就对弟子说："如果没有一技之长，我是不会收为弟子的。"一位衣衫褴褛的人说："我善于呼喊。"公孙龙问弟子："门下已有善于呼喊的人了吗?"弟子回答说："没有。"公孙龙说："那就给他弟子的名籍。"

师生既然是"义合"，自然可以"义离"。鲁国季氏专国政，比周朝公卿还要富有，冉求作为季氏家宰还要想方设法帮他聚敛财富。孔夫子对此大为恼火，说："这冉求不是我们的人，你们可以大张旗鼓地攻击他。"(《论语·先进》)章太炎是晚清大学者俞樾（yuè）的爱徒。身处社会大变革之际，章太炎站到了反清的立场上，言行比较激烈乃至极端。俞樾则仍然抱守着传统的价值观，于是历陈章太炎不孝、不忠，也欲弟子们鸣鼓而攻。章太炎则撰写一篇《谢本师》，予以回应。这些都是属于师生"义离"的例子。

下面我们从老师对学生、学生对老师两方面来分析师生之间相处之道。

为师之道

现代社会学校里的师生关系，跟传统相比，已经有了很大不同。现代社会，师生之间关系的建立是通过学校，而不是介绍人。师生关系的确立，只是通过传授知识而自然形成，没有经过任何礼仪程序。老师给学生授业时间短，而且只有教，没有养。这种种不同，就造成现代师生关系远不如传统师生关系笃厚。如果无视古今差异，老师或学生仍然以传统师生间的名分要求对方，可能就会酿成种种矛盾。

1. 慎择弟子

传统社会，师生之间是一种近乎一体的关系，荣辱与共。所以，老

师要慎重地选择弟子。哪怕是打烧饼的、吹唢呐的老师傅，都要经过长时间对弟子的考察之后，才决定将自己的技艺倾囊相授。传说中射日的英雄后羿，就因为没有选好弟子，最终为弟子逄（páng）蒙所杀。

2.教养弟子

传统社会，老师可以被称为"师父"，所谓"一日为师，终身为父"。"师父"这个称谓，表明在传统社会老师不仅要教弟子，而且要养弟子。子华出使齐国，冉求替他的母亲向孔子请粟（sù）。对这件事，今人还能理解。颜路（颜渊之父）的请求，对今人来说，就有些费解，乃至出格了。颜渊去世，他的父亲颜路居然请求孔子卖掉车子，为颜渊作椁（guǒ，套在棺材之外的大棺材）。孔子拒绝了颜路的请求。其理由不是说自己没有义务给颜渊备办棺椁，而是以自己儿子的丧事为参照（顾全人伦秩序）觉得不可行，并解释以自己的社会身份不可无车。这些事在古人是非常自然的，背后都是老师有养弟子的责任。

孟子准备离开齐国时，齐王开出了丰厚的待遇予以挽留：在国中（齐国首都临淄）给他和学生们一处大宅院，并提供万钟俸禄让他养弟子。东汉马融"教养诸生，常过千人"（《后汉书·马融传》）。直到今天，传统曲艺界仍然保持这样的传统。既教且养，老师视学生如子，学生视老师如父，无疑更增加了师生之间的情谊。

3.教授无隐

为人师表，学高为师，身正为范。增强自身学识，提高教学技巧，注重自身修养，自是为人师者的分内之事。有些人（特别是涉及技艺的行业）为"教会了徒弟，饿死了师傅"的说法所误导，教学时往往会有所保留。更有些人为利益所诱惑，忘记了传道授业的本分。

南唐夏宝松，精于诗学，与同门刘洞齐名。后生学子们带着金帛，不远数百里汇集到他门下。夏宝松为人贪婪，教授弟子从不"会讲"（不开大课），只私下给那些钱帛较多的学生讲授，并欺骗学生说："诗之旨诀，我有一葫芦儿。授之，将待价。"（马令《南唐书·儒者传下》）学生遂多私下贿赂他。夏宝松此举可谓有辱斯文。

4. 不忌弟子

青出于蓝而胜于蓝，是师父对弟子的期望。然而有些人却对胜过自己的弟子心怀忌恨。郑玄在马融门下三年，都没有见过马融。平时，只是由马融高足弟子传授而已。一次，马融遇到了一个天文算术上的难题，诸弟子也都不会。有人说，郑玄能解决。马融就把郑玄召来，郑玄果然轻而易举解决了那个问题。郑玄趁此机会向马融请教了自己平时的疑问，问完，就向马融辞别回乡。马融感慨地对门人说："郑生今去，吾道东矣。"

据说，马融担心郑玄超越自己，起了忌恨之意，派人前去追杀。郑玄也有所觉察，就躲在桥下，脚穿木屐（jī）踏在水面上。马融占卜郑玄的行踪，对左右的人说："玄在土下水上而据木，此必死矣（马融理解成棺木入土之兆）。"（《世说新语·文学》）于是马融命人不必再追，郑玄才得以脱身。不过此事不见于正史，可能只是民间的传说。

事师之道

1. 尊师

古礼规定，天子有五"暂不臣"（暂时不以臣相待），而授受之师处其一。当其为师，讲授学业时，天子不可以用臣礼对待老师（如不北面。因为天子南面，北面是臣位）。这是要"尊师重道，欲使极陈天人之意也"（《白虎通·王者不臣》）。东汉张酺（pú）是汉章帝的老师。元和二年，章帝东巡，到了东郡，引张酺和他的门生以及地方官吏在庭中相会。章帝先备弟子之仪，请张酺讲《尚书》一篇，然后再修君臣之礼（《后汉书·张酺传》）。

2.不讥师

学生不可以给老师起外号，或通过其他方式嘲讽老师。边韶（sháo），字孝先，以文学知名，教授弟子数百人。边韶口才很好，有一次白天假寐（打盹儿）。有弟子编了顺口溜嘲笑他："边孝先，腹便便（pián，腹肥貌）。懒读书，但欲眠。"边韶听说了，应时回答道："边为姓，孝为字。腹便便，五经笥（sì）。但欲眠，思经事。寐与周公通梦，静与孔子同意。师而可嘲，出何典记？"（《后汉书·文苑列传上》）弟子惭愧得无地自容。

3.不以尊贵临师

不论学生日后发展得如何好，处于什么样的社会地位，师生的名分既然存在，学生对老师都要恭敬，而且要注意不可以"以尊贵临师"。

五代时，桑维翰是裴皞（hào）的学生。桑维翰后来做了宰相，他拜访裴皞，裴皞从来不迎也不送。有人疑惑。裴皞说："我到中书省拜见桑公，我是他的下属。桑公来家中拜见我，他是我的门生。老师对门生，何须送迎？"（《新五代史·裴皞传》）裴皞公私分明，桑维翰不以为忤（wǔ），都是合乎礼的。

4.传习不倦

对老师最大的尊敬，当然是传承他的学问。孔子常叮嘱弟子"学而时习之"，而曾子每日三省，其中则有"传不习乎"（《论语·学而》）。老师"倡"之，弟子"和"之。正是由于师生之间契合无间，曾子才在三千弟子中脱颖而出，传承了孔子的道业。得天下英才而教育之，实为人生一大乐事。为人弟子者，也不能不以佳弟子自勉。

至于日常生活中，学生侍奉老师的礼仪，可以参看《容礼》中相关部分。在此，不复赘述。

思考讨论

无论古今，尊师都是美德。我们强调的"尊师"其实是在尊什么？

链接

师资吟

宋·邵 雍

未知道义，寻人为师。既知道义，人来为资。寻师未易，为资实难。指南向道，非去非还。师人则耻，人师则喜。喜耻皆非，我独无是。好为人师，与耻何异？

（邵雍《击壤集》卷十八）

闲居杂咏·隆师

宋·陈 淳

师者人之范，辨惑正吾疑。苟不就有道，伥（chāng）伥其何之？

（陈淳《北溪大全集》卷一）

第十三课　朋友

　　传统社会，人们信奉"四海之内皆兄弟"（《论语·颜渊》）的理念，陌生人相见常以"兄弟"相称。近代以来，人们却常以"同志"相称。"同志"属于朋友。这种变化与五伦在近代的不同遭遇有关。谭嗣同欲冲决伦常之网罗，唯独赞赏朋友一伦，认为它合乎平等、自由的原则，提出要用它来改造其余四伦（章永乐《四海之内皆兄弟：近代平等政治中"五伦"话语的突变》，载《现代哲学》2015年第6期）。"人生得一知己足矣，斯世当以同怀视之"。不论沧海怎样变了桑田，朋友总是要结交的，故此语可以视为古今之同慨。

朋友名义

　　何谓朋友?《白虎通》说："朋者，党也。友者，有也。《礼记》曰：'同门曰朋，同志曰友。'"用"党"、"有"来训释，是说朋友有一种相亲附的关系。茫茫人海，本自陌路，基于一定的因缘，两个人走得越来越近，从陌生而熟悉，终至订交，才发展成为朋友。这因缘，古人认为不外乎两种：同到一位先生门下求学（同门曰朋），或者志同道合（同志曰友）。物以类聚，人以群分，具有同样品质的心灵自然相互吸引，这是友情的肇始。

　　朋友之间，无血缘关系，又是义合之轻者，所以没有列入五等丧服。但是，由于有同道之恩，朋友若去世，居家时还是要为之服丧。只是这种丧服比"缌麻"还轻，其形制为吊服加"缌麻"之服的首绖（dié，用麻做的丧带），以此来表示哀思。若出门，则可以除去首绖（《礼记·檀弓上》）。到了后世，朋友之间不必服丧，只是吊丧时穿一下"吊服"而已。

择　友

孔子曾对曾子说，我去世后，卜商（子夏）会一天比一天进步，端木赐（子贡）会一天比一天退步。曾子问，为什么呢？孔子回答，那是因为子夏喜欢与胜过自己的人交友，而子贡喜欢与不如自己的人交友。由此，孔子进而申发出一番广为后人津津乐道的话来。

> 与善人居，如入芝兰之室，久而不闻其香，即与之化矣。与不善人居，如入鲍鱼之肆，久而不闻其臭，亦与之化矣。（《孔子家语·六本》）

然而总有一些人会像古罗马西庇阿所抱怨的那样：对待友谊漫不经心，能准确地说出自己有多少只羊，却不能准确地说出有多少个朋友。买羊时精心挑选，而择友却泛滥无度（西塞罗《论友谊》）。

事实上，古人在择友方面非常慎重。孔子给我们择友订下一个标准："无（通"毋"）友不如己者。"（《论语·学而》）子夏教诲学生交友之道，"可者与之，其不可者拒之"（《论语·子张》），可以看作是"无友不如己者"的注脚。那么，"可"与"不可"究竟怎样界定？孔子曾说过：

> 益者三友，损者三友。友直、友谅、友多闻，益矣。友便辟（pián pì）、友善柔、友便佞（nìng），损矣。（《论语·季氏》）

三种人是"益友",值得交往:正直的人、守信的人、学识渊博的人。三种人是"损友",应当远离:习于威仪而熟滑的人、善于谄媚的人、巧舌如簧的人。"便佞"是巧言,"善柔"是令色,"便辟"是足恭(过度谦敬)。这些都是孔子所厌恶的。

订　交

朋友,需要经过订交的程序。这种程序的详情,我们无法考知。根据礼仪的一般原则来推测,大概是一方通过介绍人传达交友的意愿,而另一方予以认肯,然后两方相见,把关系确定下来。古礼,士人之间初次相见,都要通过中间人介绍,然后才以宾的身份执贽而往。主人则要归还其贽(《仪礼·士相见礼》)。这样一来一往,彼此才开始正式交往。但此时,两人还只是熟人的关系,算不上朋友。

古人订交往往有拜亲的环节。吕蒙出生贫贱,靠勇猛善战,获得孙权的青睐。在孙权劝说下,才开始学习。鲁肃本来有些瞧不上吕蒙。后来,鲁肃就任路经吕蒙驻地,礼仪性地拜访了他。在宴会上,吕蒙为鲁肃出了五条计策,让鲁肃刮目相看。鲁肃"遂拜蒙母,结友而别"(《三国志·吕蒙传》)。这时,鲁吕两人才算真正订交。

君子之接如水

朋友相交,是基于道义,而不是利益。而且只有抱着一颗诚心相交,才算得上是真正的朋友。如果别有所图,不以诚心相交,古人称为"面朋"、"面友"(扬雄《法言》)。若以利相交,遇到患难,必然各顾自身利益,相互抛弃。

长平之战前,廉颇被免了官,他门下的宾客都四散而去。等到廉颇大破燕军，暂代相国一职，那些门客又都回来了。廉颇说："你们请回吧。"那些门客竟然说："你的见解也太落伍了，天下之人都是用市道相交，你有权势，我们就追随你。你没有权势，我们就离开。这是很合理的呀。"(《史记·廉颇蔺相如列传》)他们奉行"市道交"，居然理直气壮，可谓恬不知耻。

孔子说："君子之接如水，小人之接如醴。君子淡以成，小人甘以坏。"(《礼记·表记》)如"水"的交情，真诚纯洁，让人处之，久而不腻，古语称之为"素交"。醴是甘甜的，那如"醴"的交情，多少有些让人腻味吧。

友以辅仁

友以辅仁

朋友之间，要在学业、修养方面相互切磋琢磨，共同提升、共同成长，相辅成仁。人与人之间相处久了，容易流于亵慢。朋友间若流于亵慢，有可能导致关系破裂。所以善于与朋友相处的人，会提醒自己时刻尊敬对方，做事时，注意分寸，留有余地，"不尽人之欢，不竭人之忠"(《礼记·曲礼上》)，以保全彼此的交情。

既然要相互切磋琢磨，那么朋友若有不是之处，理当劝谏，让他改正。对朋友的劝谏，要把握好分寸。因为诚心相交，所以

会尽心相告，并以巧妙的方式引导。如果朋友不愿意采纳，就不要再劝谏（《论语·颜渊》）。否则，可能会招来羞辱，或者导致友情破裂。

我们还应注意，对朋友"近则谤其言，远则不相讪（shàn）"（《白虎通·三纲六纪》），"近则正之，远则称之"（《白虎通·谏诤》）。朋友犯了错，应该当面纠正，在别人面前要为他容隐，应该称扬他的优点，不可以讥笑他的不是。

通财之义

朋友有"通财之义"。若是朋友处于窘困的境地，我们理应帮助他渡过难关。若有父兄在，自己想要帮助朋友，必须禀明父亲或兄长。

如果父兄允许帮助朋友，要以父兄的名义来接济他。如果父兄不允许，就不要接济。但为了表示与朋友同甘共苦，自己生活方面要有所调节，"友饥则为之减餐，友寒则为之不重裘"（《白虎通·三纲六纪》）。

有人曾想根据朋友肯借给他钱的多寡，来定友谊的高下。这样是太过势利了。"通财"，只能出于朋友的自愿，我们不可以此来强求朋友。否则，就不免"交为通财渐不亲"了。

绝　交

朋友是义合中关系最轻的，因道义相合而相交，也因道义不同而分离。

管宁、华歆（xīn）本是一对好朋友。两人一同在菜园里锄草，看见地上有一块金子，管宁视同瓦石，毫不理会。华歆却把金子捡起来，又扔了出去。两人同坐在一张席上读书，有达官贵人的车马从门前经过，管宁照旧读书，华歆却放下书跑出去观看。管宁就割断席子，分开座位，说道："子非吾友也。"（《世说新语·德行》）从此，割席就成了绝交的代名词。

若不幸朋友恩断义绝，应该恪守忠厚之道，要做到：君子绝交，不出恶声。不可以将绝交的责任推给对方。如果有人问起，也要引咎自责。别人向我们咨询对方的相关事宜，仍要称美对方的长处，不可说对方的坏话。"绝交令可友，弃妻令可嫁"（《白虎通·谏诤》），都是忠厚的表现。

思考讨论

"朋友"和"人脉"有何不同？

链接

闲居杂咏·亲友

宋·陈 淳

友者人之辅，以善相切磨。不取直谅闻，其如损德何？

（陈淳《北溪大全集》卷一）

五伦箴·朋友

明·陈献章

损友敬而远，益友敬而亲。结交择德义，岂论富与贫？
君子淡如水，岁久情愈真。小人甜似蜜，转眼如敌人。

（《解人颐·懿行集》）

跋：再现礼乐风景

多年前，我曾读过《海丰农民运动》(彭湃，1926)，至今难以忘怀。难忘的不仅是革命者筚路蓝缕草创事业的艰辛，还有那曾经的礼乐风景。文章里，彭湃如实记录了他第一次开始农民运动的情形。在他，那是一次完全失败的经历，却在无意间为我们留下了90年前一位生活在中国西南角落里最底层的农民的剪影。

> 五月某日我即开始农民运动的进行，最初到赤山约的一个乡村。我去的时候，是穿着白的学生洋服及白通帽，村中一个三十多岁的农民，看我来了，一面在村前弄粪土，一面向我说："先生坐，请茶呀！你来收捐吗？我们这里没有做戏。"我答道："我不是来收戏捐的，我是来和你们做朋友，因为你们辛苦，所以到这里来闲谈。"农民答道："呀！苦是命啊！先生呀请茶，我们不得空和你闲谈，恕罪！"

生活对这位农民来说无疑是艰难的，但他并不因此而有些许的愤激与乖戾，谈吐间是那样从容有礼，安分乐业。就如杜格尔德记忆中东北的庄稼汉，同样生活在中国的角落里，祖祖辈辈都在泥土里滚爬，没有读过书，也不识字，那文明的教养究竟从哪里来的呢？孔子说："君子之德风，小人之德草。草上之风，必偃。"（《论语·颜渊》）礼乐之风吹拂之处，无不是美好的人间图景。原来，他们是一直沐浴着先王的礼乐教化啊。

重建礼乐文化，就是重建中国文明的基本生活样式。对于一个广土众民的大国来说，其基本的生活样式，可以更新，但不可以被替代；可以休歇百年，但不可以一蹶不起。否则，广土将龟裂，众民将化作鸟兽散。重建礼乐文化，就是要这人间重现美好的礼乐风景。

本书部分内容最早于2012年曾为"揆一讲经会"诸君讲习一过，与会诸君启我良多。中华书局祝安顺兄、任洁华女史为本书的编辑、出版付出了大量的辛劳。谨志于此，以申谢忱。

本人治礼日浅，加以近年学殖荒落，书中不当之处，势所难免，尚祈海内方家教正。